Werner Harke

DIE 10 WICHTIGSTEN FRAGEN

TPI
Hurlach

Bildnachweis: Wenn nicht anders vermerkt,
Illustrationen aus:
- Art Explosion, Nova Development Corporation 1995, USA.
- The Big Box of Art, Hemera Technologies Inc., Hull, Quebec, Canada 2001

Bibelzitate: Wenn nicht anders vermerkt, aus:
- Revidierte Luther-Übersetzung 1984, Deutsche Bibelgesellschaft Stuttgart.

(C) Copyright 1998 by TPI/Werner Harke
2. völlig überarbeitete Neuauflage 2009
Alle Rechte vorbehalten

Verlag Jugend mit einer Mission,
Schloßgasse 1, D-86857 Hurlach

Satz und Gestaltung: TPI/Truth Press International
Druck: Westermann Druck Zwickau

ISBN 978-3-930183-20-3

Inhaltsverzeichnis

Die Ausgangssituation 7

Hat das Leben einen Sinn über
den Tod hinaus? 13

Was bieten Religionen, New Age, Esoterik
für Antworten? 18

Was spricht für, was gegen Reinkarnation? 27

Gibt es zuverlässige übernatürliche
Informationsquellen? 34

Gibt es Gott, und wenn ja, welcher ist es? 46

Ist das Zufallskonzept der Evolution
stichhaltig? 56

Wenn es Gott gibt - warum lässt er Leid
und das Böse zu? 76

Was spricht dafür, dass es nach dem
Tod weitergeht? 86

Wie komme ich in persönlichen
Kontakt mit Gott? 98

Gibt es für unser Leben eine göttliche
Berufung? 113

Gewidmet Martin Ferst
(17. 1. 1969 - 13. 4. 1998),
der das Ziel seines Lebens
mit Sicherheit erreicht hat.

Herzlichen Dank an Gertrud Deppe,
Hanna Bauernfeind, Martin Ferst und Gitta Leuschner
für die Durchsicht des Manuskripts und die wertvollen
Anregungen.

Die Ausgangssituation

Dieses Buch ist eine Einladung zu einer ungewöhnlichen Entdeckungsreise.

Es will dich mitnehmen auf eine Reise, bei der du den Sinn und das Ziel deines Lebens entdecken kannst. Das, was deine eigentliche Bestimmung ausmacht, was deinem Leben Wert und Erfüllung gibt, und was auch darüber hinausreicht! Du bist eingeladen, deine *Zukunft* zu entdekken!

Die meisten leben heute wie Leute ohne Zukunft. Hektisch, getrieben, ziellos. Wir lassen uns von Werbung und Medien manipulieren und verlieren uns in einem Netz von Lügenangeboten. Das allgemeine Lebensmotto: Alles auskosten und nichts verpassen. Das höchste Ziel: Selbstverwirklichung. *Wir leben so, als gäbe es überhaupt keine Zukunft!* In unseren Köpfen hat sich der Gedanke eingenistet: Nimm mit, was du kriegen kannst, hinterher ist sowieso alles vorbei.
Falsch!

Dieser Gedanke ist einer der größten Lügengedanken überhaupt! Aber er ist beileibe nicht der einzige. Es gibt zig Halb- und Scheinwahrheiten, die unser Leben auf einen falschen Kurs bringen. Oft merken wir das erst, wenn wir bis zum Hals in Sinnlosigkeit, Leere, Abhängigkeiten und zerbrochenen Lebensplänen drinstecken. Und oft ist dieses unsichtbare Lügennetz über unserem Leben so dicht, dass wir auch den Ausweg nicht mehr finden.

Dagegen gibt es nur ein wirksames, überzeugendes Mittel: die Wahrheit! *Die Realität.*

Die Realität bietet wunderbare, positive Überraschungen! Sie öffnet die Augen für den Sinn hinter dem Ganzen. Sie stoppt Sinnlosigkeit, Leere, Gebundenheiten, Ungewissheit, Lügennetze, Vernebelungen und Illusionen.

Sie gibt Antworten auf die meistgestellten Fragen des Lebens: Worum geht es eigentlich? Gibt es einen Gott? Was ist mit den einzelnen Religionen? Was mit Esoterik? Was mit Reinkarnation? Was kommt nach dem Tode? Warum gibt es Leid und das Böse? Was gilt, und was nicht?

Die Realität befreit. Sie ist weitaus besser als jedes noch so glänzende Lügengebäude. Gewöhnlich fehlt uns nur der Blick dafür. *Ein paar entscheidende Informationen können alles ändern.* Stattdessen begnügen wir uns meist mit nebelhaften Versprechungen und Halbwahrheiten - und wundern uns dann, wenn unser Leben zäh, leer, hohl und schwer wird.

Das muss nicht sein. Selbstverwirklichung ist schön und gut, aber nicht alles. Das Leben ist viel mehr. Es bietet Nah- und Fernziele. *Du brauchst unbedingt beide.* Du kannst alle Nahziele erreichen, gesund sein, Erfolg haben, und trotzdem leer bleiben. Es fehlt das Fernziel. Oft merkst du, daß etwas fehlt, aber du weißt nicht, was.

An einem Mangel an Fernsicht leiden mehr Menschen als man glaubt. Ohne Fernziel kannst du alle selbstgesteckten Ziele erreichen und erlebst doch jedesmal: das ist es auch nicht. Du kannst alles genießen und trotzdem nie satt werden. Immer regt sich unterschwellig der Gedanke: es fehlt noch was.

Echten Sinn kann nur bringen, was über dieses Leben hinausreicht. Wenn es über dieses Leben hinaus nichts gibt, hat das Leben tatsächlich keinen Sinn. Wenn der Tod das totale Aus ist, kannst du so gut oder schlecht leben, wie du willst - letztlich bleibt nichts. Vielen ist dies bewusst, und sie suchen Antwort in allen Richtungen. Sie suchen in Religion, Esoterik, Sekten, Okkultismus, Philosophie, Wissenschaft und Ideologie. Aber meist finden sie nicht, was sie suchen.

Sie wollen das Richtige, aber bleiben irgendwo im Gestrüpp der Lügen und Fehlinformationen hängen. Millionen verschwenden so ihr Leben an Scheinziele und Illusionen. Die Welt lockt mit Bergen von leeren Versprechungen. Sie macht uns abhängig von Müll, Schund und Schrott.

Dieses Buch will helfen, Sinnlosigkeit zu stoppen. Illusionen sollen als Illusionen erkennbar werden, damit niemand mehr darauf hereinfällt. Du musst wissen, worum es geht, denn es deutet vieles daraufhin, ***dass du in diesem Leben die Weichen für deine Zukunft stellst.*** Auch dann, wenn du dies nicht glaubst. Wenn du dann den wahren Sinn deines Lebens verpasst, verpasst du auch deine Zukunft - jedenfalls eine, die diesen Namen verdient.

"Wer zu spät kommt, den bestraft das Leben", sagte Michail Gorbatschow. Zuspätkommen ist immer unangenehm, auch wenn es nicht bestraft wird. In diesem Leben lässt es sich gewöhnlich ausgleichen. Bei der nächsten Gelegenheit korrigieren wir das. Aber was, wenn es sich für das Leben *nach dem Leben* nicht mehr korrigieren lässt? Wenn alles ein für allemal festgeschrieben ist? Das wäre nicht nur unangenehm, sondern tragisch.

Vieles spricht dafür, dass es sich tatsächlich so verhält. Stell dir vor, du hast in deinem Leben alles erreicht: Glänzende Karriere, hohes Einkommen, nette Familie, eigenes Haus, angesehene Stellung, alles rundum versichert. Dann kommt die Stunde X. Du trittst ab - und nichts davon bleibt. Alles nur noch Schall und Rauch. Du stehst nach deinem wohlgeordneten Leben mit leeren Händen da. *Du hast nie über dieses Leben hinausgedacht.* Was, wenn erst die Zukunft das eigentliche Leben bringt - aber nicht für dich?

Oder du hast einfach nach dem Lustprinzip gelebt - Sex, Drogen, Alkohol, Partyrausch, Essrausch, Fernsehrausch,

Internet- und Spielrausch. Oder für deine Hobbys - Sport, Kleider, Schuhe, Autos, Reisen, Computer, CDs, Pop, Rock usw. Und plötzlich ist nichts davon noch was wert. Du stehst vor dem Ergebnis deines Lebens und hast nur Luft in den Händen.

Was, wenn du wegen Internet, Kleidern, Schmuck, Schuhen, Autos, Pop, Rock das Eigentliche, Wichtigste verpasst? Eine erschreckende Möglichkeit.

Vielleicht hast du auch ein gutes, "frommes" Leben geführt: alle Vorschriften deiner Religion eingehalten, fünfmal am Tag gebetet, immer die Kirche, Moschee, den Tempel besucht, esoterische Erkenntnisse gesammelt, dich höherentwickelt, die Erleuchtung erreicht, und du freust dich jetzt auf den Lohn deines guten Lebens - aber da ist nichts, es war ein Irrtum, du warst falsch informiert. Es wartet keine gute, lichtvolle Zukunft auf dich, sondern nur Dunkel. *Du hast dich auf etwas verlassen, was nicht gilt.*

Lohnt sich ein solches Leben? Nein. Lohnt sich das Leben überhaupt? Mit Sicherheit ja. Aber es lohnt sich nicht, wenn wir unser Leben auf falschen Informationen aufbauen. Wenn wir uns auf Lehren verlassen, die in Wirklichkeit Lüge, Täuschung, Verführung oder Illusion sind. Denn dann verspielen wir die wunderbare, herrliche Zukunft, die es tatsächlich gibt und die jeder, der guten Willens ist, auch erreichen kann.

Worum geht es wirklich in unserem Leben? Wie kann man wissen, ob etwas wahr ist oder nicht? Wie kann man wissen, was Täuschung oder was Wahrheit und Realität ist? Wie kann man sein Leben sinnvoll investieren - nicht nur für dieses Leben, sondern auch darüber hinaus?

Fragen über Fragen. Das Gute daran: es gibt Antworten darauf, und zwar klare, deutliche, beweisbare, erfahrbare, nachvollziehbare Antworten. Die Wahrheit lässt sich erkennen. Es gibt Daten, Fakten, Prüfinstrumente, Beweise, Gewissheit. Du kannst *wissen*, worum es geht.

Mach dich also auf die Entdeckungsreise nach dem, was über dein Leben hinausreicht - nach deiner eigentlichen Bestimmung, dem Sinn deines Lebens. Lass dich überraschen!

Hat das Leben einen Sinn über den Tod hinaus?

Das Leben ist schnellebig. Wer heute noch auf dem Gipfel des Ruhmes steht, ist morgen schon vergessen. Oder noch einschneidender: er ist gar nicht mehr da. Er hat dieses Leben bereits wieder verlassen. Oft ganz unvorhergesehen und überraschend.

Wer kennt heute noch Marlene Dietrich? Oder Curd Jürgens, O.W. Fischer, um nur einige der deutschen Filmgrößen zu nennen. Elvis Presley und Marylin Monroe, einst Idole von Millionen, starben ausgebrannt an Tabletten. Der  Rockstar Kurt Cobain und andere Rockstars setzten ihrem Leben selbst ein Ende. Wer heute über 35 ist, hat gewöhnlich bereits die Hälfte des Lebens hinter sich. Und irgendwann ist auch das längste Leben Vergangenheit. Aber die meisten wollen das nicht wahrhaben und schließen die Augen davor.

Niemand kann sich der Schnelllebigkeit und Vergänglichkeit des Lebens entziehen. Aber diese Tatsache zu verdrängen, ist irrational. ***Vernünftig ist es, darüber hinauszuschauen!***

Showstars wie Michael Jackson, Filmstars wie Julia Roberts, Sportstars wie Michael Ballack und Roger Federer haben alles - alles, was man sich wünschen kann. Sie sind jung, vital, unvorstellbar reich, reisen durch die ganze Welt, können sich alles erlauben. Sie haben Freunde, sind z.T. glücklich verheiratet und hoch angesehen. Sie sind das, was die meisten sich wünschen, aber nie erreichen werden. Ihr Leben hat Sinn! - Oder?

Es hat Sinn, aber möglicherweise noch nicht *den* Sinn. Den Sinn, für den wir geboren werden, der uns ein erfülltes Leben gibt, und *der über den Tod hinausreicht.* Der über die Dinge des Alltags hinausgeht - und bleibt.

Prinzessin Diana, "Lady Di", hatte auch "alles". Sie starb jung und unvorbereitet, wurde aus dem blühenden Leben herausgerissen. Hatte ihr Leben Sinn? Für ihre Kinder, Freunde, Familie, für das Königshaus, für England, für die Welt sicherlich. Aber hatte es für sie selbst Sinn - den Sinn, der über dieses Leben hinausreicht? Wir hoffen und wünschen es, aber wir wissen es nicht.

Viele suchen den Sinn in Reichtum, Besitz, Ansehen, Titel und Macht. Aber es gibt Millionäre, die sich alle Wünsche erfüllen können und trotzdem nicht glücklich sind. Selbst unter ihnen gibt es Selbstmord. Es fehlt ihnen der Blick über dieses Leben hinaus. Ein Sinn, für den es sich zu leben lohnt - der bleibt.

Andere versenken sich in Arbeit, Beruf, Familie, Hobbys. *Äußerlich sind sie glücklich und innerlich leer.* Nach jedem erreichten Ziel ist diese Leere wieder da. Sie spüren ihr Unerfülltsein, aber haben kein Rezept dagegen. Also setzen sie sich neue Ziele - mit dem gleichen Ergebnis.

Jugendliche schlagen die Leere gewöhnlich tot. Sie sind sich der Sinnlosigkeit bewusst. Sie spüren die Haltlosigkeit dieser Welt, aber bekämpfen sie mit untauglichen Mitteln. Der Sinn beginnt am Freitagmittag nach Schulschluss mit Disko, Partys, Action usw. Am Montag ist das Leben wieder grau und sinnlos.

Viele suchen Erfüllung in Rausch, Bewusstseinserweiterung, Drogen, Tabletten, Alkohol, Sex, ständig wechselnden Beziehungen usw. Das wirkliche, wahre Leben wird gleichgesetzt mit Befriedigung aller Wünsche und Selbstverwirklichung. Aber in den Wachphasen sind Leere und Sinnlosigkeit wieder da.

Ein Sinn, der sich nur auf unser kurzes irdisches Leben beschränkt, ist unbefriedigend und hält nicht. Schon kleine Erschütterungen, Schwierigkeiten, Rückschläge lassen ihn einbrechen. *Und das ist gut so, denn am Schluss zerbricht er auf jeden Fall.* Wer aber würde noch nach einem Sinn suchen, der über unser kurzes Leben hinausreicht, wenn immer alles glatt ginge?

Diese Suche ist jedoch lebenswichtig, denn es geht nicht nur um dieses Leben, sondern auch um das danach! Wir sind so angelegt, dass wir Sinn brauchen, danach suchen und immer innerlich unbefriedigt bleiben, bis wir ihn gefunden haben. Wenn wir nämlich in diesem Leben nicht entdecken, worum es eigentlich geht, stolpern wir möglicherweise in eine Zukunft, an der wir nichts mehr ändern können! Es liegt ja auf der Hand, dass unsere Zukunft etwas mit unserem Leben zu tun hat.

Sei daher dankbar, wenn dich dieses Thema nicht loslässt und du unbedingt wissen willst, worum es geht. Sei froh, wenn diese Frage immer wieder in dir hochkommt und du unbedingt Antwort und Gewissheit haben möchtest. Es könnte sein, dass dieses innere Fragen nicht allein aus dir  kommt, sondern in dich hineingelegt worden ist. Dann wäre es sehr wichtig. Es wäre dann eine Art übernatürlicher Anmahnung in dir, dich nicht nur auf die Dinge deiner irdischen Existenz zu konzentrieren, sondern auch darüber hinaus zu denken.

Wie unsere Zukunft einmal aussehen würde, hinge dann davon ab, von wem diese übernatürliche Anmahnung oder Erinnerung käme. Diese Frage muss auf jeden Fall geklärt werden.

Fürs erste nur soviel: ***Der Sinn deines Lebens ist, dass du die Weichen für eine gute Zukunft stellst und diese Zukunft nicht etwa aus Gleichgültigkeit, Trägheit oder wegen falscher Informationen verpasst.*** Denn in der unüberschaubaren Vielfalt von "wahren" Ansichten und Wegen ist es fast unmöglich, den *richtigen* Weg zu finden. Dafür brauchst du zuverlässige, nachprüfbare Informationen.

Wo aber gibt es solche nachprüfbaren Informationen? Wo unter all den verschiedenen Gottesvorstellungen, Göttern, Religionen, Gurulehren, Ideologien, Theorien usw. findet sich die Wahrheit, sprich Realität?

Um diese Frage zu beantworten, werden zunächst die gängigsten Angebote unter die Lupe genommen. Die Schlüsse daraus kannst du selber ziehen, denn die vorhandenen Daten und Fakten sprechen für sich. Schauen wir uns die wichtigsten unterschiedlichen Denk- und Glaubenssysteme einmal genauer an.

Was bieten Religionen, New Age, Esoterik für Antworten?

Der Markt der Religionen und Sekten ist von verwirrender Vielfalt. Er bietet eine Riesenauswahl unterschiedlicher "Wahrheiten". Schon auf den ersten Blick ist unwahrscheinlich, daß alle diese verschiedenartigen Angebote zum gleichen Ziel führen. Wie soll man in diesem Angebotswirrwar wissen, was wirklich gilt?

Viele halten eine Klärung für überflüssig. Sie gehen der Wahrheitsfrage einfach aus dem Weg, indem sie sich in *Toleranz* üben: "Soll jeder glauben, was ihn glücklich macht. Am Ende landen wir sowieso alle am gleichen Ort bzw. beim gleichen Gott. Außerdem ist es unerheblich, was einer glaubt, denn was hinterher kommt, merken wir früh genug, wenn es soweit ist."

Das hört sich cool und logisch an, entpuppt sich bei näherem Hinsehen jedoch als kurzschlüssig. Es ist nur eine Scheintoleranz, denn es enthält kräftige Fußangeln. Was, wenn es doch nicht der gleiche Ort bzw. Gott ist? Was, wenn nur ein Weg der richtige ist? Was, wenn man auch woanders landen kann? Was, wenn unser Leben Konsequenzen hat und wir in diesem Leben unsere Zukunft festlegen? Was, wenn man diese Zukunft nach dem Tod nicht mehr ändern kann? ***Was, wenn es in unserem Leben um etwas geht?***

Dann wären wir mit unserer ganzen schönen, irrationalen Toleranz aufgeschmissen. Nicht, weil wir die Wahrheit nicht hätten herausfinden können, sondern weil wir uns gar nicht darum gekümmert haben. Wir haben uns einfach auf religiöse Traditionen, schönklingende "Offenbarungen" oder unsere persönliche Meinung verlassen, ohne nach Beweisen zu fragen. Oder wir sind vertrauensvoll einem Guru oder "Offenbarungsempfänger" gefolgt, ohne uns gründlich zu informieren. Und wenn wir dann hinterher tatsächlich nichts mehr ändern können, liegt der Schwarze Peter bei uns.

Ein unangenehmer Gedanke und mit unangenehmen Aussichten. Besser, alle liebgewordenen Traditionen, Meinungen, Denksysteme usw. radikal zu hinterfragen. Alles, was du bisher glaubst - *sei es an Gott, einen Guru, an gar nichts oder was auch immer* - auf den Prüfstand zu stellen.

Um das tun zu können, musst du erst einmal wissen, was angeboten wird. Schauen wir uns zunächst die großen Religionen an. Was lehren die einzelnen Glaubenssysteme in ihren Hauptaussagen?

HINDUISMUS. Der Hinduismus, entstanden ca. 1500 v. Chr., glaubt an 33 Einzelgötter, von denen jeder eine Million Untergötter hat, Gesamtsumme 33 Millionen. Diese müssen ständig günstig gestimmt werden durch Opfer, Riten, Meditation, tägliche "Speisung" in den Tempeln usw. Alle zusammen bilden "Brahman", das göttliche Es. Eine Art unpersönlicher göttlich-kosmischer Energie, die alles umfasst und in der alles einmal aufgeht - Mensch, Tier, Pflanze, die

Natur, der Kosmos, alles Gute, alles Böse.

Endziel ist das Einswerden mit dem göttlichen Es, das aber nur nach hundert- oder tausendfacher "Reinkarnation" (Seelenwanderung, Wiederverkörperung) möglich ist. Je nach Lebensbilanz ("Karma") wird jeder Mensch nach dem Tod ständig wieder neu als Mensch, Tier oder Pflanze geboren. Bei einem negativen Karma ist also auch der "Abstieg" zum Tier möglich.

BUDDHISMUS. Ähnlich der Buddhismus, ab ca. 500 v. Chr.. Hier gibt es allerdings keinen Gott, dafür aber ein ewiges Gesetz ("Karma") und das "Nirwana" = Nichts. Der Mensch muß sich ebenfalls durch zahlreiche fehlerlose Leben im "Rad der Wiederverkörperungen" immer höher-

entwickeln, bis er schließlich irgendwann ins "Nirwana" eingehen darf. Wertende Instanz ist das unpersönliche ewige Karmagesetz. Durch regelmäßige Meditation und Erleuchtung kann die Erlösung, d.h. das Aufgehen im Nichts, schneller erreicht werden.

NEW AGE / ESOTERIK. Ein westlicher Ableger des Hinduismus/Buddhismus ist die New Age-Bewegung, in der ebenfalls der Gedanke einer oftmaligen Reinkarnation vorherrscht. Helena Blavatsky, die sich von "tibetanischen Meistern" inspirieren ließ, importierte diesen Gedanken 1875 nach New York. Sie gründete die Theosophie, von der Rudolf Steiner später seine Anthroposophie abzweigte. Heute gibt es eine Fülle derartiger Gruppierungen, deren Wurzeln zumeist auf indische Maharischis, Yogis, Swamis und Gurus zurückgehen.

Um Reinkarnation für Westler überhaupt schmackhaft

zu machen, wurde die "absteigende" Reinkarnation auf die Tierstufe abgeschafft. In der westlichen Version ist nun der Verbleib auf der menschlichen Stufe sozusagen "garantiert". Zu diesen Gruppen gehören z.b. Transzendentale Meditation, Baghwan, Hare Krishna, Scientology, Findhorn, Theosophie, Anthroposophie, Sai Baba, Rosenkreuzer u.a.m. *(Jürgen Tibusek, Auf der Suche nach dem Heil, Brunnen Gießen 1989).*

Weil esoterische Gedanken weit verbreitet sind, einige Erläuterungen dazu. *Esoterik* heißt "Geheimlehre" und ist ähnlich wie *New Age* ("Neues Zeitalter") ein Sammelbegriff für religiöse Lehren mit meist östlichem Hintergrund. In der Esoterik geht es um verborgenes Wissen, übersinnliche Erfahrungen und Kontakte mit unsichtbaren Mächten. Esoteriker versuchen, auf vielerlei Weise Kontakt mit unsichtbaren höheren, geistlichen Mächten aufzunehmen.

Was das genau für Mächte sind, weiß man gewöhnlich nicht. Man muss sich dabei auf die Angaben verlassen, die diese Mächte dann durchgeben - per Hellsehen, Medium, Channeling (automatischem Schreiben), Glasrücken, Wahrsagen usw. Gewöhnlich stellen sich diese Mächte als Geistführer, Geistlehrer, höhere Meister usw. vor mit Namen wie Emanuel, Seth, Sanat Kumara, Josef (um nur einige zu nennen) und geben Botschaften durch. Die Empfänger gehen davon aus, dass es sich um "gute Geister" handelt, denn in den Botschaften ist viel von Licht, Friede, Höherentwicklung usw. die Rede. Manchmal gibt es allerdings "Ausrutscher", und es vermeldet jemand: "Der Gott der Hölle" oder "Wir sind von Satan".

Im Grunde weiß niemand genau, auf wen er sich bei derartigen Kontakten einlässt und was von den "Jenseitsbotschaften" zu halten ist. Es besteht die Gefahr, dass man sich auf Mächte einlässt, die negativer Herkunft sind und bewusst Fehlinformationen durchgeben. Auf jeden Fall sollte man Informationen per Channeling, Medien, Glasrücken, Kartenlegen, Beschwören, Pendeln, Handlesen, Wahrsagen, Kristallkugel usw. nicht ernstnehmen, insbesondere wenn irgendwelche Todestermine angegeben werden. Solche Aussagen haben sich schon zigmal als Lügenbotschaften entpuppt.

Ähnlich unklar bleibt ebenfalls, auf welche Mächte man sich im Bereich des Aberglaubens, bei Geistheilung und Glücksbringern einläßt. Der Glaube an Amulette, Talismane, Maskottchen, magische oder G e i s t - heilung, Besprechen,

Glücks- und Unglückszeichen (Hufeisen, schwarze Katze, Zahl 13 usw.) mutet harmlos an und bringt sogar manchmal "Erfolg", aber von wem dieser Erfolg kommt, bleibt völlig im Dunkeln.

Eine positive Wirkung garantiert ja in keiner Weise, daß dahinter auch eine positive Quelle steht. Heilungen aus negativer Quelle können jedoch Bindungen in anderer Hinsicht schaffen. Es gibt belegte Fälle, dass Menschen durch solche Praktiken zwar körperliche Heilung erfahren haben, dafür aber in psychischer und nervlicher Hinsicht erkrankt sind. Solche seelische Schäden reichen von ständigen Alpträumen, langwierigen Depressionen, häufigen

Selbstmordgedanken bis hin zu unerklärlichen zwanghaften Gebundenheiten.

Klar ist dagegen die zugrundliegende Quelle im Okkultismus. *Okkultismus* heißt "Wissenschaft vom Verborgenen". Im Okkultismus wird offen der Kontakt mit Satan gesucht (Satansmessen, Flüche, Tier- und sogar Menschenopfer, Voodooriten, Zauberei, Hexerei, schwarze Magie usw.). Es geht um Macht-, Wissens- und Lustgewinn. Viele Rockbands bekennen sich z.B. offen zu Satan (z.B. KISS = "Kings in Satans Service").

Wir "aufgeklärten" Menschen des 20. Jahrhunderts glauben nicht mehr an die Existenz Satans. Es ist peinlich, ihn zu erwähnen. Aber wenn man die konkreten, zerstörerischen Auswirkungen solcher Satanskontakte, Riten und Flüche sieht, kommt man an der Existenz negativer Mächte nicht vorbei.

Alarmierend ist jedoch, dass die Übergänge zwischen Esoterik und Okkultismus offensichtlich fließend sind. Fallbeispiele und Berichte aus der Literatur machen deutlich, dass es keine festen Grenzen zwischen diesen Bereichen gibt. Insofern liegt auf der Hand, dass auch "weiße" Magie keineswegs so "weiß" und harmlos ist, wie sie sich anhört. Insgesamt deutet alles darauf hin, dass Esoterik, Aberglaube und Okkultismus aus der gleichen geistigen Quelle entspringen *(Neil Anderson, Der die Ketten sprengt, Lichtzeichen, Lage 2008).*

ISLAM. Der Islam entstand 600 Jahre nach dem Christentum durch eine Offenbarung Mohammeds. Mohammed machte zahlreiche Anleihen bei der Bibel. Allerdings kannte er offensichtlich nur Teile daraus, so daß es im Koran viele Missverständnisse und Fehldeutungen gibt (Jesus ist nur Prophet, wurde nicht gekreuzigt, "sondern ein anderer für ihn" und kann nicht erlösen. Maria sei Teil der göttlichen Dreieinigkeit usw.). Der Islam glaubt an einen strengen, unnahbaren, willkürlich handelnden Gott ("Allah"). Nach dem Tod folgt das Paradies oder die Hölle.

Um in das Paradies zu kommen, muß man die 5 Hauptgebote ("Säulen") des Islam halten: fünfmal am Tag beten, täglich das Glaubensbekenntnis aufsagen, Almosen geben, im Monat Ramadan fasten und einmal im Leben nach Mekka pilgern. All das bietet aber trotzdem keine Garantie, nicht doch in der Hölle zu landen. Dies hängt nämlich letztlich davon ab, wie es Allah gerade gefällt. Das Sicherste ist, in einem "heiligen" Krieg (einschließlich Selbstmordkommandos) zu sterben, dann sei das Paradies garantiert. *(Christine Schirrmacher, Der Islam - eine Einführung, Johannis 2003).*

CHRISTENTUM / JUDENTUM. Christentum und Judentum berufen sich beide auf die Bibel. Während die Juden allerdings nur das Alte Testament anerkennen, sehen die Christen auch das Neue Testament als göttlich inspiriert an. Die Juden erkennen nur Jahwe als Gott an und lehnen Jesus Christus bis heute als ihren Messias (Erlöser) ab. Sie können nach ihrem Verständnis den Himmel nur ereichen, indem

sie alle göttlichen Gebote halten und auf den künftigen Messias hoffen.

Christen sehen gemäß Bibel in Jesus den bereits erschienenen Messias, durch den sie Vergebung erhalten können. Dies sehen sie als einzige Möglichkeit an, um trotz ständigen Schuldigwerdens den Himmel zu erreichen.

SONDERGRUPPEN / SEKTEN. Es gibt eine Vielzahl von Sondergruppen, Sekten und "Privatoffenbarungskreisen", die alle nach dem gleichen Muster funktionieren: Jedes Mitglied muss unbedingt alle Lehren und Gebote des Sektengründers befolgen, sonst besteht keine Chance, den Himmel bzw. eine "höhere Ebene" zu erreichen. Diese Vorgaben machen es psychisch fast unmöglich, aus einem solchen Glaubenssystem wieder auszusteigen. Wer es tun will, muss damit ja alle seine bisher erworbenen "Verdienste" einschließlich Sektenhimmel aufgeben! Zu diesen Gruppen gehören z.B. die Zeugen Jehovas, die Vereinigungskirche Muns, Scientology, Fiat Lux, Universelles Leben, die Mormonen usw. *(Lothar Gassmann, Kleines Sektenhandbuch, Mabo 2006).*

Nun die Gretchenfrage: Lassen sich diese vielen Religionen, Glaubenssysteme, Sonderlehren so miteinander vereinbaren, dass man sagen kann, alle sind auf dem Weg zum gleichen Gott?

Das ist logisch nicht möglich. Die einen glauben an ein unpersönliches Gesetz oder eine kosmische Energie, die anderen an einen persönlichen Schöpfer, Erlöser oder Richter. Für die einen gibt es einen ständigen Kreislauf von Wiederverkörperungen, für die anderen nur ein einziges irdisches Leben und danach ein göttliches Gericht. Die einen verlassen sich ausschließlich auf ihre Werke und Leistungen, die anderen nur auf Vergebung.

Das alles ist derart widersprüchlich und driftet so weit auseinander, dass es auch beim besten Willen und mit der größten Toleranz nicht unter einen Hut zu bringen ist. *Alles zugleich kann einfach nicht richtig sein,* denn die meisten Vorstellungen und Gottesbilder schließen sich gegenseitig direkt aus. Vieles muss falsch sein. Was aber ist dann richtig?

Heute gibt es einen breiten Trend hin zu den östlichen Religionen mit ihren westlichen esoterischen Ablegern. Der Glaube an den biblischen Gott ist für die meisten überholt. Grundlage der Esoterik und vieler östlich angehauchter Sonderlehren ist "Reinkarnation", d.h. Wiederverkörperung. Das Reinkarnationskonzept gehört heute zum modernen Denken. Es muss daher geprüft werden.

Gibt es Fakten, die dieses Konzept belegen? Was spricht für, was gegen Reinkarnation?

Was spricht für, was gegen Reinkarnation?

Seit die "modern-liberale" Theologie Gott für "tot" erklärt hat, treibt die Suche nach anderen Göttern die skurrilsten Blüten. Sogar die alten Germanengötter werden wieder ausgegraben. Der Mensch möchte einfach an etwas glauben, und wenn es an Horoskope, Maskottchen und Talismane ist.

Im Zuge des Esoterikbooms liegt vor allem Reinkarnation im Trend. Grundgedanke: "Wir entwickeln uns durch viele Wiederverkörperungen immer höher und höher." Gibt es Hinweise dafür, dass dieser Gedanke mit der Realität übereinstimmt? Hält er einer Prüfung stand?

Kaum jemand erinnert sich an ein "früheres Leben", aber viele glauben daran. Besonders in zahlreichen Hypnosebotschaften ist von "Rückerinnerungen" an frühere Leben die Rede. Die Filmschauspielerin Shirley MacLaine will früher Kleopatra gewesen sein usw. Lauter erstaunliche Berichte. Woher wissen die Leute das? Gibt es für solche Rückerinnerungen auch Beweise?

Ich war Kleopatra!

Was spricht für Reinkarnation?

Dafür spricht z.B., dass der Reinkarnationsgedanke eine lange Tradition hat und über eine Milliarde Menschen daran glauben. Aber andere Religionen haben ebenfalls eine lange oder sogar längere Tradition (z.B. das Judentum). Und dass sich auch Millionen denkender Menschen leicht von irrationalen Ideen verführen lassen, haben wir ja deutlich im Nationalsozialismus und Kommunismus erlebt. Die Menge der Anhänger garantiert in keiner Weise, dass eine Idee oder ein Konzept auch wahr ist.

Für Reinkarnation spechen würden auf jeden Fall auch klare Rückerinnerungen an frühere Leben, wenn man sie belegen kann. Das wird auch ständig versucht. Parapsychologen und Hypnosetherapeuten betreiben regelrechte ***"Reinkarnationsforschung"***, um den offenen Fragen auf den Grund zu gehen. Sie setzen freiwillige Kandidaten unter Hypnose und fragen sie nach ihrem früheren Leben aus.

Oft entrollen die Kandidaten dann ganz farbige und anschauliche Berichte über ihre vorherigen Leben. Die Forscher versuchen dann, diese "Rückerinnerungen" anhand geschilderter Einzelheiten über Ort, Sitten, Gebräuche im Vergleich mit historischen Berichten zu prüfen.

Dabei gibt es manchmal verblüffende Übereinstimmungen, manchmal offenkundige Fehler. So berichtet z.B. die Psychologin Dr. Helen Wambach von einer Versuchsperson, die im 14. Jahrhundert Klavier gespielt haben will. Klaviere gibt es aber erst seit dem 16. Jahrhundert.

Weltweites Aufsehen eregte der berühmte Fall *"Bridey Murphy"* - zuerst pro, dann gegen Reinkarnation. Die amerikanische Hausfrau Ruth Simmons gab unter Hypnose an, früher als "Bridey Murphy" in Irland gelebt zu haben. Dabei konnte sie sich an eine Fülle von korrekten Einzelheiten erinnern. Später stellte sich dann allerdings heraus, dass Ruth Simmons eine Tante in Irland hatte, mit der sie in regem Briefwechsel stand. Dieses Wissen war - bewusst oder unbewusst - in ihre Hypnoseerinnerungen eingeflossen.

Haupteinwand gegen alle Hynoseerinnerungen ist daher, dass im Unterbewusstsein gespeicherte "vergessene" Eindrücke aus Büchern, Filmen und eigenen Erlebnissen zu "Rückerinnerungen" zusammengemixt werden. In vielen Fällen lässt sich auch nachweisen, dass Gedanken oder Erwartungen des Hypnotiseurs auf den Kandidaten übertragen werden (Suggestion, Telepathie). Auch "außersinnliche Wahrnehmung" (ASW) tritt auf.

Ich war schon 73 mal hier!

Vor allem aus Indien werden jedoch auch Fälle "spontaner" Rückerinnerungen gemeldet, in denen offenbar echte, belegbare Aussagen vorhanden sind. Zumeist kleine Kinder "erinnern" sich an ein früheres Leben als eine Person, die erst kürzlich in der näheren Umgebung gestorben ist. Dabei können sie oft konkrete Einzelheiten aus dem

Leben dieser Person nennen, die sich beim Nachforschen als korrekt herausstellen.

KALI

Das ist real und verblüffend. Doch indische Wissenschaftler erheben Einwände. Sie führen derartige "Erinnerungen" durchweg auf eine Beeinflussung durch dämonische Geistwesen zurück. Nach dem Tod seines letzten "Wirtes" sucht sich der dämonische Geist ein anderes Quartier - meist in einem Kind, das wegen *okkulter Familienpraktiken und Götzenanbetung* ungeschützt ist. Dieser Geist bringt sein Vorwissen mit und äußert sich durch das Kind.

Für diesen Sachverhalt spricht u.a. auch, dass bei solchen Kindern immer wieder "fremdpersonale" Züge sichtbar werden. Das heißt, die Kinder verfallen oft in fremdartige Verhaltensweisen, die nicht zu ihrem normalen Wesen gehören, sprechen mit tiefer Stimme usw. Ein Hindu schrieb an den bekannten Reinkarnationsforscher Jan Stevenson: "Ihre 300 merkwürdigen Fälle beweisen die Reinkarnation keinesfalls ... Alle behandelten Fälle sind für die Gelehrten Südindiens bedeutungslos, da sie eindeutig auf Besessenheit durch Geister hinweisen" *(Mark Albrecht, Reinkarnation - die tödliche Lehre, Gerth-Medien, Asslar1988).*

Man muss dazu wissen, dass in Indien wegen der vielen okkulten Praktiken dämonisch bewirkte Offenbarungen und Wunder sehr verbreitet sind.

Ähnliche Aussagen wie bei "Rückerinnerungen" treten auch bei Trancemedien im Spiritismus und bei von Geistwesen diktierten "Channeling"-Büchern sowie "UFO-Botschaften" auf. Das legt nahe, dass alle derartigen Botschaften einen gemeinsamen okkulten Hintergrund haben und daher mit höchster Vorsicht zu genießen sind. Sie enthalten mit großer Wahrscheinlichkeit absichtliche Fehlinformationen und Täuschungen, um Menschen in die Irre zu führen.

Doch auch aus grundsätzlichen Überlegungen ist das Reinkarnationskonzept nicht schlüssig. Reinkarnation heißt "Wiederverkörperung". Damit ist gemeint, dass sich ein Mensch nach seinem Tod immer wieder neu "verkörpert", d.h. als ein anderer Mensch wieder neu geboren wird. Sein "Karma" (d.h. Schuldkonto) aus den früheren Leben bestimmt, wie sein jetziges Leben verläuft. Neues Karma (d.h. Schuld) sammelt sich an. So entsteht ein ständiger Kreislauf. Kaum hat er sich mühsam zu einem Kaufmann oder Arzt "emporgearbeitet", da verstößt er wieder irgendwie gegen das Karmagesetz und rutscht in seinem nächsten Leben auf die Stufe eines Slumbewohners zurück.

Als Wächter und Richter über dieses ständige Auf und Ab stellt man sich ein unbestechliches *"ewiges, kosmisches Karmagesetz"* vor.

Aber der Gedanke an ein derartiges unpersönliches Schicksalsgesetz, das für Gerechtigkeit sorgt, ist nur auf den ersten Blick logisch. In Wirklichkeit bedeutet diese Vorstellung, dass ein "Gesetz", das keine Persönlichkeit besitzt, alles hört, sieht, weiß, notiert und bewertet. Das ist im ethisch-moralischen Bereich für ein unpersönliches Gesetz nicht möglich. Ohne einen dahinterstehenden personalen "Gesetzgeber" schwebt jedes ethisch-moralische Gesetz in der Luft.

Auch eine unpersönliche *"kosmische Energie"* als Ersatzgott hilft hier nicht weiter. Denn eine Energie (wie z.B. Schwerkraft oder Elektrizität) kann weder denken, werten, urteilen noch richten. Da diese "kosmische Energie" außerdem alles einschließt, d.h. das Gute genauso wie das Böse, kann sie auch gar keine moralisch wertende Instanz sein. Denn wie soll ein unpersönliches und noch dazu in sich selbst unmoralisches, ungerechtes Gesetz Gerechtigkeit üben können?

Ein sittliches Gesetz wird erst dann zu einem Gesetz, wenn dahinter ein Gesetzgeber steht - andernfalls ist es nur eine unverbindliche Idee. Ein Gesetzgeber aber muss im ethisch-moralischen Bereich immer eine *Persönlichkeit* sein, denn sie muss werten können. Ohne einen person-

haften Gott kann es daher keine ethische Bewertung geben. Weder ein wertendes Gesetz noch eine wertende kosmische Energie sind logisch möglich.

Das Reinkarnationsgesetz enthält also prinzipiell unüberbrückbare Ungereimtheiten und Widersprüche. Was hilft außerdem ein ständig neues Abbüßen des letzten Lebenskarmas, wenn du überhaupt nicht weißt, für was du da eigentlich "büßen" musst und wer du beim letzten Mal gewesen bist?

Wo bleibt dabei auch deine Identität? ***Wer bist du denn in Wirklichkeit***, wenn du 100 oder 1000mal als andere Person neu verkörpert wirst? Du hast keine eigene Persönlichkeit, sondern bist ein unpersönliches Etwas. Das ist weder überzeugend noch wünschenswert.

Um herauszufinden, worauf wir uns verlassen können, brauchen wir objektive Prüfungskriterien - also Daten, die man prüfen kann. Wo finden sich in den Schriften der einzelnen Religionen solche Kriterien? Gibt es so etwas wie "übernatürliche" oder "göttliche" Inspiration, wie es manche Bücher von sich behaupten?

Gibt es zuverlässige übernatürliche Informationsquellen?

Den Anspruch einer übernatürlichen, göttlichen Inspiration erheben viele Bücher. Dazu gehören Bibel und Koran, aber auch die "Offenbarungen" zahlreicher Sekten, Sondergruppen und Spiritistenzirkel. Seit den 60er Jahren gibt es sogar eine regelrechte Flut von "übernatürlichen" Büchern: die "Channeling"-Bücher.

"Channeling" heißt "Kanalsein". Menschen stellen sich unsichtbaren Geistwesen als "Kanal" zur Verfügung, um deren Botschaften weiterzugeben. Es ist im Grunde nichts anderes als das, was im Okkultismus und in der Esoterik schon seit Jahrhunderten geschieht: Medien geben Botschaften weiter, die sie in Trance oder mittels "automatischen" Schreibens empfangen. In den USA ereichen "gechannelte" Bücher inzwischen Millionenauflagen. Die Geister, die sich da zu Wort melden, tragen Namen wie Seth, Ramtha der Erleuchtete, Lazaris, Sanat Kumara oder Tom McPershon, der Taschendieb *(J. Ankerberg/ J. Weldon, Standpunkte Channeling, Gerth Asslar 1989).*

Abgesehen von Betrugsfällen (man kann durch solche Channelbücher leicht Millionär werden!) müsste man derartige "Offenbarungs"- oder "Durchgabebücher" als "übernatürlich inspiriert" bezeichnen. "Inspiration" heißt ja "eingegeben". Sie werden von einer Quelle außerhalb des Empfängers eingegeben. Vorausgesetzt, dies ist geschehen, sind sie "echt". Sind sie damit aber auch "wahr"?

Das kommt auf die Quelle an. Alles, was "übernatürlich" inspiriert ist, muss noch längst nicht *wahr* sein. Und was echt ist, muss keineswegs auch *gut* sein. Dass es auch *"übernatürliche" Lügenbotschaften* gibt, machen ja schon die Aussagen der Wahrsager deutlich. Falsche Propheten und Verführer sind weit verbreitet, und die Channeling-Aussagen sind oft widersprüchlich. Sie können also nicht alle wahr sein. Sie können daher auch nicht alle "göttlich" inspiriert sein.

Da es einander widersprechende "übernatürliche" Botschaften gibt, muss es dahinter auch verschiedenartige Quellen geben, von denen diese Botschaften kommen. Diese Quellen können göttlicher oder nichtgöttlicher Art sein. *Sind sie nichtgöttlicher Art, haben wir keinen Boden unter den Füßen.* Nur wenn sie göttlicher Art sind, können wir uns darauf verlassen und unser Leben darauf aufbauen. Wir müssen also prüfen, ob die jeweilige Quelle zuverlässig ist oder nicht.

Um das tun zu können, brauchen wir zweierlei: Erstens objektive Prüfungskriterien, d.h. konkrete Daten und Fakten, die wir prüfen können. Zweitens ein zuverlässiges Messinstrument, das wir an die einzelnen Aussagen anlegen können. Ohne *Prüfdaten* und *Prüfinstrument* kommen wir im Irrgarten der Religionen und Speziallehren nicht weiter. Wir laufen dann nur im Kreis.

Nur wenn wir beides haben, ist es überhaupt möglich, ein Glaubenssystem auf seinen Wahrheitsgehalt abzuklopfen. Wenn nachprüfbare Daten und Fakten fehlen, nützt dir auch das beste Messinstrument nichts. Du stehst dann einfach vor einem Berg von Spekulationen und kannst daran glauben oder nicht, aber nichts prüfen. Der betreffende Glaube existiert ohne Verbindung zur Realität. Du musst blind glauben und läufst umher wie ein Schlafwandler.

Wenn dir ein solcher Glaube zugemutet wird, schalte sofort auf Alarm. Du hängst dann nämlich verstandesmäßig völlig in der Luft, kannst dir nie sicher sein und musst dich "auf Gedeih und Verderb" auf die Behauptungen eines "Offenbarungsempfängers" oder eines "heiligen" Buches verlassen. Wenn wir aber so konstruiert sind, dass wir Verstand und Logik besitzen, sollten wir die auch einsetzen können.

Ob es sich nun um mündliche oder schriftliche Offenbarungen handelt, sie müssen daher *konkrete Daten* und Aussagen enthalten. Diese müssen mit den *nachweisbaren Tatsachen unseres Lebens und den inneren Erfahrungen*, die jeder

Mensch machen kann, übereinstimmen. Fehlen solche nachprüfbaren Angaben, kann dir niemand verübeln, wenn du derartige Offenbarungen für Phantasiegeschichten hältst.

Legen wir jetzt diesen Maßstab an die verschiedenen Glaubenslehren und ihre Informationsquellen, fallen sofort die meisten durch das Raster. Worauf gründet der Hinduismus? Auf der Bhagavadgita, den Veden und anderen Büchern, die voll farbiger, dramatischer Göttergeschichten sind, aber ohne nachprüfbare Sachaussagen.

Der Buddhismus geht auf die "Erleuchtung" eines einzelnen Menschen, nämlich Buddhas, zurück. Er ist damit ein nicht prüfbares persönliches Denksystem. Auch die Quelle, aus der Buddha seine Offenbarungen empfing, bleibt gänzlich im Dunkeln.

Genau das gleiche lässt sich auch vom Islam sagen. Das gesamte Glaubensgebäude des Islam einschließlich des Koran gründet auf den Offenbarungen eines einzigen Menschen - Mohammeds. Der Islam ist damit in keiner Weise prüfbar oder hinterfragbar. Hinzu kommt, dass einige der von Mohammed als "göttliche Offenbarung" empfangenen Suren (Verse) des Korans inzwischen "aufgehoben" wurden.

Auch die Lehren der New Age-Gruppen und der unzähligen Sekten gehen durchweg auf geheimnisvolle Offenbarungen eines einzelnen Offenbarungsempfängers, Trancemediums oder "Channelers" zurück. Darunter fallen auch alle die oben erwähnten Channeling-Bücher. Offenbarungen dieser Art sind nichtprüfbare Privatansichten. Grundsätzlich kann sich ja jeder Mensch ein bestimmtes Glaubenssystem zurechtbasteln und es dann als seine ganz persönliche Offenbarung verkaufen. Gelegentliche Ähnlichkeiten besagen nichts. Die vielen Widersprüchen zeigen klar, dass die Quelle unzuverlässig ist.

Was bleibt noch? Die Bibel. Es ist tatsächlich so, dass nur die Bibel nachprüfbare Angaben macht, *die sich in in Raum und Zeit abspielen.* Als objektive Prüfungskriterien bieten sich ihre historischen, geographischen, naturwissenschaftlichen und prophetischen Angaben an. Dazu kommen die archäologischen Funde. Als persönliches Prüfungskriterium behauptet die Bibel, dass jeder, der auf bestimmte ihrer Anweisungen eingeht, auch bestimmte persönliche Erfahrungen machen kann. Das kann jeder selbst ausprobieren *(Johannes 7,17).*

Anders als die Schriften anderer Religionen gehen die Bücher der Bibel nicht nur auf einen *einzigen* Verfasser zurück, sondern auf über 40 verschiedene Autoren. Obwohl diese in einem Zeitraum von 1500 Jahren lebten, ist die Bibel von einer durchgehenden Einheit. Allein diese Tatsache ist schon ein Wunder an sich und menschlich nicht machbar. Auch die prophetischen Vorhersagen der Bibel erfolgten nicht nur durch einen einzigen "Offenbarungsempfänger", sondern durch rund zwei Dutzend Propheten, die ihre Vorhersagen *öffentlich* (und damit prüfbar) verkündeten.

Im Gegensatz zur landläufigen Meinung, die Bibel sei gefälscht, voller Irrtümer, Widersprüche und Legenden, erweisen sich ihre Aussagen als äußerst zuverlässig. Die Bibel ist das *bestbelegte historische Dokument* überhaupt. Es gibt über 5 000 Teilmanuskripte von Büchern des Neuen Testaments, die Textforscher eingehend verglichen haben. Der Text ist bis auf minimale, unwesentliche Abweichungen überall identisch *(F.F. Bruce, Die Glaubwürdigkeit der Schriften des Neuen Testaments, Bad Liebenzell 1976).*

Von Anfang an waren sich die Christen auch weitgehend einig, welche Bücher als göttlich inspiriert anzusehen waren und daher in das *Neue Testament* aufgenommen werden sollten. Zweifelhafte Schriften mit Legendencharakter, die den Aussagen Jesu, der Apostel und dem Alten Testament widersprachen, wurden schnell aussortiert (Thomas-, Barnabasevangelium, Apokryphen usw.). Per Konzil wurde diese Auswahl dann später nur noch bestätigt.

In der Bibel finden sich auch keine *naturwissenschaftlichen Irrtümer*, obwohl das lange Zeit immer wieder behauptet wurde. Aber bisher musste sich immer die Wissenschaft korrigieren, nicht die Bibel. Zum Beispiel wurde Abraham von Gott verheißen, dass seine Nachkommen unzählbar wie "die Sterne am Himmel" sein würden. Bis zum Beginn der Neuzeit schienen die Sterne aber keineswegs unzählbar: man zählte knapp über 1 000 Sterne. Erst mit der Erfindung des Fernrohrs und Teleskops wurde klar, dass die Sterne wirklich unzählbar sind: es gibt nicht nur Milliarden Sterne, sondern Milliarden Milchstraßen ... (!)

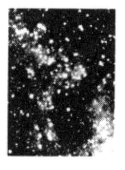

Auch die *Archäologie* weist immer wieder nach, dass die biblischen Angaben höchst zuverlässig und korrekt sind. So wurden beispielsweise die biblischen Berichte vom Volk der Hethiter als "Legende" verworfen; ebenso die Existenz der Stadt Ninive, des Teiches Bethesda in Jerusalem usw. Inzwischen erbrachten archäologische Ausgrabungen, dass sowohl die Hethiter als auch Ninive und der Teich

Bethesda existiert haben. Es gibt viele weitere Beispiele dieser Art *(Werner Keller, Und die Bibel hat doch recht, Econ, Düsseldorf 1989).*

Dass die moderne **"Gott-ist-tot"-Theologie** etwas an der Bibel auszusetzen hat, ist kein Wunder. Schließlich stehen die biblischen Aussagen zu dieser Theologie in totalem Widerspruch. Statt "Gott ist tot" äußert die Bibel "Gott lebt". Während die Bibel allerdings ihre Zuverlässigkeit ständig unter Beweis stellt, bleibt die "moderne" Theologie einen solchen Nachweis schuldig. Denn Hypothesen, Behauptungen und Vermutungen beweisen gar nichts. Sie sind einfach nur "Meinungen".

Am verblüffendsten für die Glaubwürdigkeit der Bibel ist jedoch eine Tatsache, die fast zwingend nahelegt, dass die Bibel überhaupt kein nur menschliches Buch sein kann. Das sind ihre zahlreichen ***Prophetien***. Mit diesen Vorhersagen auf die nahe und weiteste Zukunft geht die Bibel ein hohes Risiko ein! Sie riskiert, ***nachweisbare*** Falschaussagen zu machen. So etwas wagt keine andere Religion - und wenn, dann ging es bisher immer glatt daneben. So z.B. bei den 4 oder 5 Vorhersagen der Zeugen Jehovas auf das Ende der Welt und ähnlicher Vorhersagen anderer Gruppen.

Aber unter der Vielzahl von prophetischen Bibelversen, die sich bisher bereits erfüllt haben, war noch keine Fehlvorhersage! Einige Prophetien (ca. 20%), die sich zumeist auf die "Endzeit" beziehen, stehen noch aus. Alle anderen haben sich korrekt erfüllt - und erfüllen sich weiterhin.

Das augenfälligste Beispiel dafür bietet die *Neugründung Israels* als Staat. Sowohl die Zerstreuung unter alle Völker als auch die Wiedersammlung Israels wurde bereits von Mose vor ca. 3300 Jahren vorhergesagt: *"Wenn du (Israel) aber der Stimme des Herrn, deines Gottes, nicht gehorchen wirst ... wirst du zum Entsetzen, zum Sprichwort und zum Spott werden unter allen Völkern ... Denn der Herr wird dich zerstreuen unter alle Völker von einem Ende der Erde bis ans andere ... und dein Leben wird immerdar in Gefahr schweben ..."* *(5. Mose 28, 15.37.64.66)*.  Das lag zur Zeit des Mose noch in weiter Ferne. Andere Propheten bestätigten diese warnenden Vorhersagen mehrmals, doch Israel ließ sich nicht warnen und musste alles dies erleiden.

Aber schon Mose sagte auch voraus, dass Gott Israel wieder sammeln würde: *"Der Herr ... wird dich wieder sammeln aus allen Völkern, unter die dich der Herr, dein Gott, verstreut hat ... und wird dich in das Land bringen, das deine Väter besessen haben, und du wirst es einnehmen ..."* *(5. Mose 30, 3.5)*. Das erfüllt sich heute vor unseren Augen. Seit dem Ende der Sowetunion sind allein aus den GUS-Ländern über eine Million Juden nach Israel eingewandert.

Auch Fälschungsunterstellungen ("Die Prophetien wurden hinterher geschrieben") sind leicht zu widerlegen: Das Alte Testament war bereits 430 Jahre vor der Geburt Jesu Christi abgeschlossen und wurde in allen Synagogen öffentlich verlesen. Darin finden sich mindestens 30 ganz *konkrete* Vorhersagen auf Geburt, Leben und Sterben Jesu, die sich dann alle in seinem Leben erfüllt haben. Einige Beispiele dazu:

Prophetie	vorhergesagt:	erfüllt:
Jungfrauengeburt:	Jesaja 7,14	Matth. 1,18 f
Geburtsort Bethlehem:	Micha 5,1	Matth. 2,1
Wegbereiter Johannes der Täufer:	Jesaja 40,3	Matth. 3,1
Verraten für 30 Silberlinge:	Sach. 11,12	Matth. 26,15
Verräterlohn für Töpfersacker:	Sach. 11,13	Matth. 27,3-7
Anspeien Jesu:	Jesaja 50,6	Matth. 27,30
Von seinem Volk abgelehnt:	Jesaja 53,3	Markus 15,14
Hände und Füße durchbohrt:	Psalm 22,17	Joh. 19,18.37
Los über sein Gewand:	Psalm 22,19	Joh. 19,24
Galle und Essig zu trinken:	Psalm 69,22	Matth. 27,34
Kein Bein zerbrochen:	Psalm 34,21	Joh. 19,33
In die Seite gestochen:	Sach. 12,10	Joh. 19,34

Ähnlich genau haben sich auch alle Zukunftsvorhersagen über geschichtliche Ereignisse, bestimmte Länder, Völker und Städte und sogar Personen im Nahen Osten erfüllt. Und es kann sogar geschehen, dass wir die Erfüllung einiger der noch ausstehenden endzeitlichen Vorhersagen selbst miterleben werden. So die weitere Rückkehr der Juden nach Israel, den Bau des Dritten Tempels in Jerusalem, das Entstehen einer antichristlichen Weltreligion, einer Weltregierung und eines Weltherrschers *(Harke, "Was, wenn die Bibel wahr ist?", Hurlach 1999)*

Bei ausschließlich fehlerlosen Erfüllungen scheidet der Zufall aus. Mit ihren präzisen Voraussagen in die weiteste Zukunft bietet uns die Bibel sogar einen ***Echtheitsbeweis auf der übernatürlichen Ebene*** - etwas, das es sonst nirgendwo auf der Welt gibt. Denn wer kann schon über Hunderte und Tausende von Jahren die Zukunft vorherwissen? Dazu braucht es so übernatürliche Fähigkeiten und Einsichten, wie sie nur Gott besitzt.

Während Wahrsager, Astrologen, Hellseher Riesenfehlerquoten haben, hat die Bibel nur Treffer. So etwas ist menschenunmöglich. Es lässt nur einen Schluss zu: ***Hinter den Prophetien der Bibel muss derjenige stehen, der auch die Geschichte lenkt.*** Das aber kann nur bedeuten, dass der biblische Gott der "real existierende" wahre Gott sein muss - derjenige, der auch der Herr über alles Geschehen in der Welt ist.

Eine brisante Aussage, die bei vielen Lesern sicherlich Widerspruch auslöst. Sie steht dem modernen Zeitgeist und gängigen Toleranzverständnis diametral entgegen. Denn wenn der Gott der Bibel der wahre Gott sein sollte, können die zahllosen anderen Götter und Gottesvorstellungen nicht gleichzeitig auch wahr sein. Dieser Anspruch ist natürlich Wasser auf die Mühle von der "christlichen Intoleranz". Werden andere Glaubenslehren durch diesen christlichen Ausschließlichkeitsanspruch nicht diskriminiert?

Wenn es tatsächlich zutrifft, dass der biblische Gott der wahre Gott sein sollte, hat dieser Anspruch mit Intoleranz und Diskriminierung nicht das Geringste zu tun. Es wird damit ja nicht gesagt, dass die anderen Religionen in Teilen nicht auch Wahrheit enthalten können. Denn göttliche Wahrheit ist - schon durch unser Gewissen - in der ganzen Menschheit verbreitet. Aber nur die Bibel lehrt ***Erlösung durch göttliche Vergebung***. Alle anderen Religionen lehren *Selbsterlösung*. Das ist ein alles entscheidender Unterschied, denn dabei geht es um unser ewiges Schicksal.

Wenn daher die anderen Lehren in diesem zentralen Kern, wo es um unsere gesamte ewige Zukunft geht, auf einen Irrtum gründen, führen sie Menschen in eine falsche Sicherheit. Im Augenblick des Todes würde diese sofort zerbrechen. Dann würden Millionen Menschen vor einer Katastrophe stehen. Um der Menschen willen ist es also besser, alle Glaubenssysteme kompromisslos zu hinterfragen, um das Echte herauszufinden.

In der Stunde Null gilt einzig und allein nur noch die **REALITÄT**. Diese gilt dann ausnahmslos für jeden Menschen, egal, an welche Religion oder an welches Denksystem er glaubt.  Es kann daher nicht intolerant sein, Menschen vor einem folgenschweren Irrtum zu bewahren.

Im folgenden Kapitel wird untersucht, ob es weitere Hinweise dafür gibt, dass der Gott der Bibel tatsächlich der "real existierende" Gott ist, der hinter allem Geschehen steht.

Gibt es Gott, und wenn ja, welcher ist es?

Die Frage nach Gott beschäftigt Menschen aller Zeiten und jeder Kultur, Rasse und Sprache. Auch Atheisten stellen diese Frage. Mit Recht, denn an ihr hängt unser gesamtes Selbst- und Lebensverständnis sowie unsere Zukunft.

Wenn es Gott nicht gibt, ist alles relativ. Das heißt, es gibt keine verbindlichen Werte, kein Gut und Böse, kein Recht und Unrecht usw. Alles wäre gleich gut oder richtig - Mord genauso wie Lebensrettung, Verrat wie Treue, Hass wie Liebe, Betrug wie Ehrlichkeit, Umweltzerstörung wie Umweltschutz. Der Grund: es gäbe keine übergeordnete Instanz, keinen absoluten Maßstab, keinen Richter.

Jeder könnte sich seine eigenen 10 Gebote machen und im Grunde tun und lassen, was er wollte. Er könnte sich auf jede Art bereichern und dürfte sich einfach nur nicht erwischen lassen.

Es gälte das Gesetz des Dschungels - oder, modern ausgedrückt, das Gesetz der Evolution und der Mafia. Der Stärkere hat recht. Da viele heute davon ausgehen, dass es Gott nicht geben kann, leben sie auch in dieser Weise. Die Folge: Betrug, Korruption, Gewalt, wohin man sieht.

Wenn es Gott aber doch gibt, sind wir total von ihm abhängig. Dann bestimmt er die Regeln. Unsere ganze Selbstbestimmung und Selbstverwirklichung wäre nur Augenwischerei. Dann gäbe es absolute Maßstäbe, dann gäbe es Recht und Unrecht, dann gäbe es vor allem eine Gerechtigkeit, die auch über den Tod hinausreicht.

Das Leben wäre kein Alptraum, sondern eine **wunderbare Chance, die Weichen für die Ewigkeit zu stellen.** Wir hätten feste Werte und Maßstäbe, an denen wir uns orientieren könnten. Der Ehrliche und Schwächere wäre nicht der Dumme, sondern wüsste, dass er auf jeden Fall Gerechtigkeit erlangt. Mafiamethoden wären nicht clever, sondern auf die Dauer sichere Selbstzerstörung.

Wer einigermaßen normal denkt und handelt, wird wahrscheinlich die zweite Version mit Gott vorziehen. Nur eine Welt mit Gerechtigkeit ist lebenswert. Aber mit Wunschdenken ist niemand geholfen. Wenn Gott nicht wirklich Tatsache ist, hat es keinen Sinn, irgendwie an ihn zu "glauben". Glaube muss immer an Realität gebunden sein. Das gilt für alle Religionen.

Welcher Gott unter all den verschiedenen Gottesvorstellungen ist dann aber der reale Gott? Es kann nur der Gott sein, der sich auch *in Raum und Zeit als real erweist*. Dies ist, wie im vorigen Kapitel aufgezeigt, nur der Gott der Bibel. Gibt es aber außer der Bibel noch weitere Fakten und Hinweise, die für die Existenz des biblischen Gottes sprechen?

Es gibt sie tatsächlich. Gott macht sich erkennbar - an seinen Werken und durch sein Handeln. Er ist erkennbar, indem er *wirkt* - genauso, wie andere unsichtbare Realitäten auch (z.B. Röntgenstrahlen, Ultraschall, Kurzwellen usw.). Im Grunde muß er sich sogar erkennbar machen, sonst könnten wir nie wissen, woran wir sind - und wären für unser Leben nicht verantwortlich. Aber er hat uns viele und deutliche Hinweise auf seine Existenz gegeben. Im Folgenden werden einige davon aufgeführt:

DER KOSMOS

Es ist wissenschaftlich erwiesen, dass das Weltall einen Anfang hatte. Die meisten Wissenschaftler glauben an einen "Urknall", andere halten diese Theorie für falsch und glauben an eine Schöpfung. Auf jeden Fall ist klar, dass hinter jeder Ursache auch ein "Verursacher" stehen muss. "Von nichts kommt nichts" ist ein physikalisches Grundgesetz. Auch einen "Urknall" muss jemand in Gang gebracht haben. Allein schon die phantastische Ordnung des Weltalls weist auf einen "Konstrukteur" hin.

DAS LEBEN

Alles ist programmiert - Gestirne, Naturgesetze, Tiere, Pflanzen - alles funktioniert im Rahmen bestimmter programmierter Abläufe. Frage: ***Wer ist der Progammierer?*** Wer hat Samen, Eier, Keimzellen so programmiert, dass aus ihnen Leben entsteht? Woher wissen Zugvögel, wohin sie zu fliegen haben, auch wenn sie von Menschen aufgezogen werden? Wieso ziehen Lachse zum Laichen aus dem Meer in die Flüsse und Aale aus den Flüssen ins Meer? Vom Standpunkt der Evolution ist das völlig überflüssig, ja sogar schädlich, denn es mindert die Überlebenschance.

Alles beruht auf hochkomplizierten Informationen, sogenannten genetischen Codes. Wissenschaftler weisen darauf hin, daß die Zufallserklärung der Evolution für diese Art von Informationen ausscheidet. ***Denn Information ist grundsätzlich nichtmateriell.*** Sie kann sich nicht durch Evolution "entwickeln". Für Information braucht es immer einen "Informationsgeber".

Der Ingenieur und ehemalige Leiter der Abteilung Informatik an der Physikalisch-Technischen Bundesanstalt in Braunschweig, Prof. Werner Gitt, formulierte zehn Informationssätze, die auf einen Schöpfer hinweisen. Drei seien hier genannt:
- *Es gibt keine Information ohne Sender*
- *Es gibt keine Information ohne ursprünglich geistige Quelle*
- *Es gibt keine Information durch Zufall.*

Dies sind objektiv erwiesene wissenschaftliche Erfahrungssätze, keine spekulativen Hypothesen. Wer also hat die genetischen Codes mit Informationen versehen, wenn Zufall und Evolution ausscheiden? *(Werner Gitt, Am Anfang war die Information, Hänssler Holzgerlingen, 3. Auflage 2002)*

DIE PROPHETIE DER BIBEL

Wie weiter oben erwähnt, erfüllen sich die biblischen Zukunftsvorhersagen *exakt und fehlerfrei - bis in unsere Zeit!* So etwas schafft kein Zukunftsdeuter und kein anderes Buch der Weltgeschichte.

Wieso kann die Bibel Ereignisse und geschichtliche Abläufe über Hunderte von Jahren vorhersagen, die sich dann genauso erfüllen? Wieso hat sie das Schicksal von Städten, Ländern, Völkern korrekt und konkret *bis heute* vorherwissen können? Wieso spitzt sich das politische Geschehen immer mehr auf Israel und den Nahen Osten zu, so, wie es in der Bibel vorhergesagt ist?

So vom Propheten Sacharja: *"Von Israel spricht der Herr ... **ich will Jerusalem zum Taumelbecher zurichten** ... zum Laststein für alle Völker. Alle, die ihn wegheben wollen, werden sich daran wund reißen, denn es werden sich alle Völker auf Erden gegen Jerusalem versammeln" (Sach. 12, 1-3).* 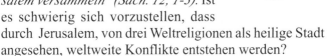 Ist es schwierig sich vorzustellen, dass durch Jerusalem, von drei Weltreligionen als heilige Stadt angesehen, weltweite Konflikte entstehen werden?

Dafür, dass sich bereits viele biblische Vorhersagen exakt erfüllt haben, bleibt nur eine Erklärung: Der gleiche Gott, der hinter den biblischen Zukunftsvorhersagen steht, sorgt auch für deren Erfüllung.

DIE GESCHICHTE

Vor über 3500 Jahren wählte Gott das Volk Israel aus, um durch dieses Volk allen Menschen seine Realität erkennbar zu machen. An Israel zeigte (und zeigt) Gott allen Völkern, wie und nach welchen Prinzipien er in der Geschichte handelt. Immer, wenn das alte Israel den Bund brach, den Gott mit ihm geschlossen hatte, verließ es damit den göttlichen Schutz. Dann erfüllte sich, was in der Bibel für diesen Fall vorhergesagt war: Unterjochung durch andere Völker, Wegführung ins Exil, Kriege, Hunger, Not, Verfolgung und Leid. Zuletzt, 70 n.Chr., die endgültige *Zerstreuung "unter alle Völker"*. Für fast 1900 Jahre gab es keinen jüdischen Staat mehr.

Aber die Bibel sagte auch klar eine künftige Neugründung Israels voraus. Bis ins 20. Jahrhundert glaubte fast niemand daran, aber im Jahr 1948 geschah dies tatsächlich. Jeder kann mitverfolgen, ob sich auch die weiteren in der Bibel gemachten Vorhersagen erfüllen.

JESUS CHRISTUS
Die Existenz Jesu Christi wird auch in außerbiblischen Quellen erwähnt. Er hat wirklich als reale historische Persönlichkeit gelebt, wurde wirklich gekreuzigt, das Grab war wirklich leer. Hinweise und Berichte dazu finden sich z.B. bei den römischen Historikern Tacitus, Josephus Flavius, Suetonius, Plinius dem Jüngeren, Lucian, Tertullian *(Josh McDowell, Die Bibel im Test, Hänssler 1989)*.

Jesus Christus ist das Zentrum der gesamten Bibel, des Alten und des Neuen Testaments. In ihm offenbarte sich Gott den Menschen fassbar und begreifbar, wie er ist: Nicht als eine undefinierbare kosmische Energie, sondern als ein handelnder und persönlicher Gott voller Liebe, Anteilnahme und Vollmacht. Nie lebte ein Mensch wie Jesus, der *in allem* genauso handelte wie er redete.

Bereits *430 Jahre vor seiner Geburt* war das Alte Testament der Bibel nachweisbar abgeschlossen. Darin finden sich mindestens 30 ganz konkret vorhergesagte Ereignisse, die sich später *alle* im Leben von Jesus erfüllten - u.a. sein Geburtsort (Bethlehem), seine genaue Herkunft (aus dem Stamm Juda - dem Haus Isais - der Familie Davids), die Ablehnung durch sein Volk, die Art seines Todes *(Hände und Füße durchbohrt, Stich in die Seite)*, die Verlosung seines Gewandes, seine Auferstehung und schließlich auch seine (noch ausstehende) Wiederkunft für die Zeit, wenn Israel wieder als Staat existiert. Das alles liegt weit jenseits des Zufalls.

DAS GEWISSEN

Grundsätzlich hat jeder Mensch ein Empfinden für Recht und Unrecht. Es gehört zu unserer menschlichen Grundausstattung. Die Bibel weist darauf hin, dass dieser moralische Signalgeber von Gott gegeben ist. Menschen, die nie von Jesus gehört haben, werden einmal danach beurteilt, wieweit sie sich in ihrem Leben nach ihrem Gewissen gerichtet haben *(Römer 2, 14-16)*. Das Gewissen kann

zwar beeinflusst, abgestumpft oder übergangen werden, doch sind gewisse Verhaltensweisen wie Lüge, Betrug, Diebstahl, Mord usw. in praktisch allen Kulturen als Unrecht bewusst.

GÖTTLICHE WUNDER

Immer wieder geschieht es, dass Menschen, die seit Jahren an körperlichen Krankheiten leiden oder an Alkohol,  Drogen, Tabletten, psychische Zwänge usw. gebunden sind, in dem Augenblick frei werden, in dem sie sich zu Jesus bekehren. Über derartige Heilungen und Befreiungen gibt es zahlreiche ***Erfahrungsberichte***. Sie zeigen die Realität der Kraft Gottes und damit seiner Existenz. Denn durch Wunschdenken oder eine Illusion wird kein Drogenabhängiger von seiner Sucht frei. *(David Wilkerson, Das Kreuz und die Messerhelden, Leuchter Erzhausen, 22. Auflage 2008; Gulsham Esther, Der Schleier zerriss, Fliß Hamburg 2005).*

GEBETSERHÖRUNGEN

Dass Gebet Dinge verändert, erlebt jeder, der damit anfängt. Die Bibel fordert uns ausdrücklich auf, für alles zu bitten, auch für kleine Dinge: *"Bittet, so wird euch gegeben."* Dabei spielt auch Ausdauer eine Rolle, außerdem die Motivation (nicht alles, was wir bitten, ist im Sinne Gottes). Die Gebetserhörungen sind z.T. so bis ins Einzelne konkret, dass auch hier der Zufall ausscheidet. Das kann jeder testen: Wenn man betet, passieren "Zufälle"; wenn man nicht betet, nicht.  Das Gebet zu Gott ist der ideale Einstieg für Zweifler und Suchende, um selbst göttliche Antworten zu erleben.

BEFREIUNG VON OKKULTEN EINFLÜSSEN

Heutzutage ist es fast schon Mode, sich auf okkulte Experimente einzulassen. Schüler suchen den Nervenkitzel beim Glas- und Tischrücken. Pendeln, Handlesen und Kartenlegen sind allgemein verbreitet. Politiker lassen sich ihre Zukunft aus der Kristallkugel ablesen. Millionen Menschen suchen Heil und Heilung in Reiki, Beschwörungsriten, schwarzer und weißer Magie, bei Gurus, in Spiritistenzirkeln, bei Wahrsagern usw.

Wer glaubt, diese Experimente seien harmlos, wird durch die Folgen eines Besseren belehrt: Es kommt zu "unerklärlichen" Verstimmungen und Depressionen, Alpträumen, Stimmenhören, dämonischen Manifestationen, immer wiederkehrenden Selbstmordgedanken usw. *Auch die Gegenseite Gottes ist Realität.* Satan ist kein Dumme-Leute-Märchen.

Doch Gott erweist auch hier seine Macht. Menschen, die okkult belastet sind, werden oft durch eine radikale Hinwendung zu Jesus und Gebet von Christen in kurzer Zeit frei - auch wenn jahrelange ärztliche Bemühungen vergeblich waren. Das ist ein Realitätserweis nicht nur Gottes, sondern auch Satans.

DIE PERSÖNLICHE ERFAHRUNG

Der Gott der Bibel ist erfahrbar. Er verwandelt und erneuert das Leben von Menschen, die bewusst auf seine Seite treten, von Grund auf. Diese wunderbare Erneuerung ist spürbar und auch für andere erkennbar. Wer sie erlebt, weiß, dass er einer Realität begegnet ist - der Realität und dem Wirken Gottes. Millionen Menschen haben dieses Geschehen, das die Bibel als "neue Geburt" bezeichnet, bereits erfahren. Voraussetzung dazu ist unsere persönliche "Umkehr" zu Gott. Erst sie bringt uns in Verbindung mit ihm, so dass wir auch etwas von ihm merken (mehr dazu in den beiden letzten Kapiteln).

Dies alles sind gute Gründe, die für die Realität Gottes sprechen. Sie haben nur einen Nachteil: Sie liegen zunächst alle nur auf der Verstandesebene und bleiben daher theoretisch. Solange sie nur theoretisch sind, reichen sie nicht aus, um einem Menschen Gewissheit über die Existenz Gottes zu vermitteln. Gewissheit erhältst du erst in dem Augenblick, wenn du mit Gott in Kontakt kommst. Dazu brauchst du die oben beschriebene "persönliche Erfahrung".

Aber wenn so eine Erfahrung möglich ist - wäre es nicht wunderbar zu wissen, dass unser Leben keine kurz aufflackernde Flamme ist, die irgendwann wieder verlischt? Zu wissen, dass das Leben einen wirklichen Sinn hat und wir eine Zukunft haben? Und dass es einen Gott gibt, der sowohl gut und barmherzig ist als auch gerecht und wahrhaftig?

Ehe wir diesen Gedanken weiterverfolgen, müssen wir uns jedoch mit den *rationalen Einwänden* gegen die Realität Gottes auseinandersetzen. Der Haupteinwand kommt von der Evolutionstheorie. Die Evolution braucht keinen Gott, um Universum, Leben, Mensch und Natur zu erklären. Sie setzt dafür den Zufall ein. Ist dieses Konzept stichhaltig?

Ist das Zufallskonzept der Evolution stichhaltig?

Das Evolutionsmodell erklärt die gesamte Entstehung des Lebens rein materiell-innerweltlich: durch Zufall, Jahrmillionen, Mutation und Selektion. Für Gott gibt es keinen Platz in diesem Modell. Er ist weder erforderlich noch erwünscht, denn die Evolutionswissenschaftler wollen ja gerade die Entstehung des Lebens ohne Gott erklären - rational, logisch, wissenschaftlich. Sie gehen von einer Entwicklung des Lebens von der Urzelle bis zum Menschen aus.

Erfüllt die Evolutionstheorie ihren eigenen wissenschaftlichen Anspruch? Darüber gehen die Meinungen stark auseinander. Gemäß der materialistisch geprägten öffentlichen Meinung sowie Medien und Schulbüchern erfüllt sie diesen Anspruch. Aber gemäß wissenschaftlichen Kriterien steht das Evolutionskonzept einer Philosophie bzw. Ideologie weitaus näher als einer Wissenschaft.

Laut Definition muss eine Wissenschaft bestimmte Bedingungen erfüllen: Sie muss belegbare, nachweisbare, beobachtbare Daten anführen. Wird eine Theorie aufgestellt, muss diese logisch begründbar und anhand von Experimenten oder durch Beobachtung prüfbar sein. Aus dieser Theorie aufgestellte Sätze müssen Voraussagen erlauben, die sich dann in der Praxis bestätigen.

Praktisch keine dieser Bedingungen trifft auf das Evolutionsmodell zu. Aus diesem Grunde ist es in Wirklichkeit ein riesiges Hypothesengebäude, das weitgehend ohne konkrete Daten im Raum schwebt.

Wo aber tatsächlich konkrete Daten auftauchen - z.B. bei den Fossilablagerungen - da widersprechen diese oft den Evolutionshypothesen so deutlich, dass sie direkt Gegenbeweise darstellen (z.B. die "missing links" - die fehlenden Übergangsformen zwischen den Arten). Entgegen gängiger Ansicht lassen sich die meisten der bisher vorliegenden Daten und Fakten weitaus müheloser (und ohne zig "Zusatzhypothesen") in das Schöpfungsmodell als in das Evolutionsmodell eingliedern.

Da niemand bei der Entstehung des Universums und des Lebens dabei war, sind beide Konzepte reine Glaubensaussagen. Es kommt darauf an, mit welchem Konzept die **Fakten** besser übereinstimmen. Das wäre der allereinfachste Hinweis auf die Stichhaltigkeit des einen oder anderen Konzepts.

Manche Theologen versuchen, Evolution und Schöpfung miteinander in Einklang zu bringen: Gott "benutzte" die Evolution. Das ist jedoch ein fauler Kompromiss. Erstens sprechen die biblischen Aussagen dagegen, zweitens auch der Anspruch der Evolutionswissenschaftler: Evolution ohne Gott. Beides zusammen ist unehrlich. Wenn Leben von selbst entstehen kann, braucht es keinen Gott. *Entweder hat die Evolution alles ohne Gott hervorgebracht, oder Gott alles ohne Evolution.*

Was für ein Gott wäre das, der seine Schöpfung nach dem Evolutionsprinzip geschaffen hätte? Evolution beruht auf dem Prinzip von "Fressen oder Gefressenwerden". Der Stärkere hat recht. Mord, Tod, Krankheiten, Qual, Leid, Parasitismus wären dann göttliche Schöpfungsprinzipien. Das wäre ein grausamer Gott.

Die Bibel sagt, dass diese Welt ursprünglich ohne Tod, Leid, Krankheit und Qual geschaffen wurde. Der Mensch ernährte sich von Früchten und Samen. Alle Tiere waren Pflanzenfresser. *"Und Gott sah an alles, was er gemacht hatte, und siehe, es war sehr gut"* *(1. Mose 1,29-31).* Tod, Krankheit, Leid kamen erst als Folge des Sündenfalls in die Welt. Sie begannen in dem Augenblick, als sich der Mensch von Gott unabhängig machte. Schöpfung und Evolution sind also schon von ihrem prinzipiellen Selbstverständnis her unvereinbar *(Schöpfung und Wissenschaft, Wort+Wissen/Hänssler, Holzgerlingen 2008).*

Bilde dir über das Zufallskonzept der Evolution selbst ein Urteil - unabhängig von Schulbüchern und Zeitungsartikeln. Im folgenden werden zahlreiche Einzelaussagen der beiden Modelle mit den vorliegenden Fakten verglichen. Wundere dich nicht, wenn die Fakten nicht mit dem übereinstimmen, was dir bisher als "wissenschaftliche Tatsache" präsentiert wurde. In der Regel sind es gar keine "Tatsachen", sondern Postulate (Denkkonstruktionen) und Hypothesen (Annahmen).

ES GIBT KEINE SELBSTORGANISATION

Wie entstand Leben? Evolutionisten sagen: durch "Selbstorganisation der Materie": Zufall + Mutation + Selektion. Informatiker dagegen sagen: Es gibt keine "Selbstorganisation". Jede Zelle ist durch einen genetischen Code "programmiert". In diesem Code sind nicht nur materielle Informationen enthalten (Körperbau usw.), sondern auch nichtmaterielle (Paarungsverhalten, Brut- und Wanderinstinkte, Schutz- und Tarnreflexe usw.). *Informationen können nie durch "Selbstorganisation" entstehen.* Sie erfordern immer einen "Informationsgeber", eine geistige Quelle. Mit anderen Worten: Eine Programmierung durch Zufall ist nicht möglich. Es braucht einen Programmierer

(Werner Gitt, Schuf Gott durch Evolution?, Hänssler Neuhausen-Stuttgart 1988).

DAS FALSCHE "AKTUALITÄTS"-PRINZIP

Mit "Aktualität" (auch "Uniformität") ist gemeint: "Alles geschieht heute genauso wie schon immer." Wissenschaftlich ausgedrückt: "Die Gegenwart ist der Schlüssel zur Vergangenheit." Schon diese Grundannahme der Evolution ist grundfalsch. Sie widerspricht allen Beobachtungswerten. *Woher kommen die riesigen Kohle- und Erdölvorkommen?* Wieso sind 5 Millionen Mammute in Sibirien in Sekundenschnelle erfroren? Warum wachsen keine Palmen mehr an Nord- und Südpol? Woher kommen die Milliarden Fossilien in Steinbrüchen? Unter "normalen" Bedingungen versteinert überhaupt nichts!

Um Versteinerungen, Kohle und Erdöl zu schaffen, sind Luftabschluss, hoher Druck und Hitze erforderlich. Die weltweiten Kohle- und Erdöllager weisen auf riesige Katastrophen hin. *Nicht* erforderlich sind "Jahrmillionen"! Wissenschaftler haben Kohle und Öl bereits in wenigen Tagen aus Abfall hergestellt!

DIE SPEKULATIVEN DATIERUNGS- METHODEN

Grundlage aller Datierungsmethoden ist der Zerfall radioaktiver Isotope. Dabei gibt es ein riesiges Problem: ***Ausgangsmenge*** bzw. ***Zerfallsgeschwindigkeit*** dieser Isotope sind weitgehend unbekannt.

Man unterscheidet hauptsächlich drei Datierungsmethoden: Uran-Blei-, Kalium-Argon- und (für Kurzzeitdatierungen) die Radio-Karbon(=C14)-Methode. Die "langen Zeiträume" entstehen dabei folgendermaßen: Es ist z.B. bekannt, wie schnell Uran zu Blei zerfällt. Findet man eine Gesteinsprobe mit 50% Uran und 50% Blei, geht man davon aus, dass am Beginn des Zerfalls der Bleianteil Null war. "Berechnetes" Alter also: einige Milliarden Jahre (solange braucht Uran, um zur Hälfte in Blei zu zerfallen = "Halbwertszeit"). Lag aber der Bleianteil schon am Beginn bei 49%, bleiben von den Milliarden nur einige Jahrtausende übrig. ***Gerade die Anfangsmengen aber sind völlig unbekannt!***

Der holländische Genetiker W. J. Ouweneel veranschaulicht das an einem Beispiel: Man findet einen vollen Wasserbehälter und darüber einen tropfenden Wasserhahn.

Anhand von Wassermenge und
Tropfgeschwindigkeit wird berechnet,
wie lange der Wasserhahn
gebraucht hat, um den Behälter
zu füllen. War der Behälter
allerdings *schon vorher* voll oder
tropfte der Wasserhahn zeitweise
schneller, verändern sich alle Berechnungen
dramatisch.

Es gibt immer mindestens eine
"mathematische Unbekannte" zuviel, um Berechnungen anzustellen. Evolutionisten gehen einfach von einer Anfangsmenge Null und einer immer gleichgebliebenen Zerfallsgeschwindigkeit aus (Aktualitätsprinzip). Das ist total willkürlich. Z.B. wurde drei Jahre alte Lava aus dem Ausbruch des Vulkans **Mount St. Helens 1980** in den USA auf mehrere Millionen Jahre datiert! *(Dia-Dokumentation bei Wort+Wissen, Rosenbergweg 29, 72270 Baiersbronn).*

Für Evolutionisten sind diese Willkürannahmen unverzichtbar: Denn ohne sie gäbe es keine "Jahrmillionen", ***und ohne Jahrmillionen wäre eine "Evolution" überhaupt nicht denkmöglich!***

Die langen Zeiträume, die Grundlage des gesamten
Evolutionsmodells, sind in keiner Weise
bewiesene Tatsachen. Vieles weist auf eine
junge Erde und ein junges Universum hin:
die noch vorhandenen **Planetenringe und
Kometen**, die Flussdeltas, der Salzgehalt
der Meere usw.. Da z.B. der Salzgehalt der
Meere durch die Flusssalze ständig ansteigt, müssten bei
4,5 Milliarden Jahren "Erdgeschichte" schon längst alle
Ozeane tote Salzmeere sein *(Hansruedi Stutz, Die Millionen fehlen, Schwengeler, Berneck 2005).*

KEINE ZWISCHENGLIEDER

Bis heute fehlen *sämtliche Übergangsglieder* zwischen den einzelnen Tierarten (Grundtypen)! Alle Tierarten treten in den Millionen von Fossilfunden sofort fertig auf. Nirgends gibt es "Halbentwickelte". Nach den Annahmen der Evolutionisten ist das unmöglich. An diesen "missing links" beißen sie sich schon seit Darwin die Zähne aus.

Auch unter lebenden Arten gibt es keinen einzigen Übergang. Wissenschaftler haben an über *1000(!) Generationen der Fruchtfliege Drosophila* Mutationen hervorgerufen. Einziger Erfolg: Verkrüppelungen und Missbildungen, aber nie eine neue Art. - In den Schulbüchern findet sich als "Übergangsbeispiel" oft noch der *Archaeopteryx* - ein fertiger Vogel mit vollausgebildeten Federn. Er ist genauso wenig ein "Übergang" wie das heute noch lebende Schnabeltier: Dieses hat einen Schnabel, ist ein Säugetier, legt Eier und hat ein Fell. Man spricht in solchen Fällen von einer "Mosaikform".

Um alle diese Ungereimtheiten aufzufangen, werden ständig neue Zusatzhypothesen aufgestellt - die sich dann oft schon untereinander widersprechen. Die letzte Hypothese, warum sämtliche Übergangsglieder unauffindbar sind: "sprunghafte" Evolution ("punctuated equilibrium" = "unterbrochenes Gleichgewicht"; S. Gould/N. Elredge). In "Randgebieten" seien urplötzlich und ohne Übergänge neue Arten entstanden. Diese Theorie des **"Punktualismus"** ist das genaue Gegenteil von Darwins ursprünglicher Theorie kleinster, schrittweiser Veränderungen.

SCHEIN-EVOLUTION

Oft wird als Paradebeispiel für Evolution der *Birkenspanner* angeführt. In Industriegebieten hat er sich aus einem hell- in einen dunkelgefleckten Typus verändert. Was ist passiert? Keine *Evolution*, sondern **Variation**. Die Hellen fielen im Industrieruß mehr auf und wurden häufiger gefressen. Es konnten sich vor allem die Dunklen vermehren. Aber es sind immer noch Birkenspanner. Seitdem der Ruß zurückging, überwiegen wieder die Hellen. Die "Evolution" ist rückläufig.

Der Irrtum beruht auf der fehlenden Unterscheidung zwischen **Makro- und Mikroevolution.** Nur *Makroevolution* ist "echte" Evolution von einer Art in eine andere. Gerade sie aber gibt es nicht. Weder in den Fossilien noch in Beobachtung noch im Experiment!

Im Gegenteil: *Artschranken* verhindern jede Vermischung nichtverwandter Arten ("Art" ist dabei als Grundtyp aufzufassen, z.B. Entenartige, Pferdeartige, Hundeartige usw.). Die **Entenartigen** - dazu gehören Enten, Gänse und Schwäne - bleiben immer Entenartige und werden nie Hühner, Tauben oder Krähen. Alle Kreuzungen sind *Mikroevolution* innerhalb des gleichen Grundtyps. Also nur **Variation** vorhandener Erbanlagen. Zum Beispiel sind Pudel, Pinscher, Schäferhunde, Dackel, Doggen zwar verschiedene Rassen, aber es bleiben immer Hunde *(Reinhard Junker/Siegfried Scherer, Evolution - ein kritisches Lehrbuch, Weyel Gießen 1998)*. Auch die berühmten **Darwinfinken** sind und bleiben Finken. Fische bleiben Fische und werden keine Lurche, Eidechsen bleiben Eidechsen und werden keine Vögel oder Säugetiere. Diese Annahmen der Evolutionstheorie sind durch keinerlei Fakten belegt.

SACKGASSE MUTATION UND SELEKTION

Mutationen (sprunghafte Veränderungen im Erbgefüge) wirken zu 99% negativ, nur 1% neutral (s. Fruchtfliegenexperimente). Es geschieht nur Vertauschung innerhalb vorhandener DNS-Moleküle. *Mutation kann nie eine neue Information hervorbringen und daher nie eine neue Art schaffen! (Bruno Vollmert, Molekül und Leben, Rowohlt Hamburg 1984).*

Auch "*Resistenz*" bringt keinen Dauervorteil: resistente Insekten brauchen längere Entwicklungszeiten oder zusätzliche Nahrungssubstanzen. Fehlen diese, sterben sie aus Es entsteht keine neue Art: Wenn Typhusbakterien resistent gegenüber Antibiotika werden, bleiben es trotzdem Typhusbakterien und werden keine Cholerabakterien.

Selektion (natürliche Auslese) soll bewirken, dass der am "besten Angepasste" überlebt. Dann müssten aber die "unfertigen Übergänge" sofort der "Selektion" zum Opfer fallen! Z.B. die Fische, die als noch unfertige "Übergänge" zu Amphibien gerade ihre ersten Schritte an Land tun. Versteinerungen des "vor 70 Mill. Jahren ausgestorbenen" *Quastenflossers* sollten so einen Übergang darstellen. Inzwischen wurden Quastenflosser lebend gefangen - kein Übergang, sondern immer noch Fisch.

FOSSILIEN UND "GEOLOGISCHE ZEITTAFEL"

Fossilien sind Überreste von Pflanzen und Tieren aus der Erdvergangenheit. Anhand bestimmter "Leitfossilien" unterscheidet man 12 verschiedene Erdschichten. Evolutionisten sehen diese Schichten als Ablagerungen in millionenlangen Zeiträumen an und leiten daraus eine „geologische Zeittafel" ab. Sie sprechen von 12 verschiedenen "Perioden" (Erdzeitalter), jede davon Millionen Jahre lang. Die Länge der "Jahrmillionen" entsprechen der jeweiligen

Dicke der Schicht - wobei vorausgesetzt wird, dass sich die Schichten "ganz allmählich Millimeter für Millimeter" abgesetzt haben. Die Regelmäßigkeit dieser Schichtfolgen ist das Hauptargument, auf das sich die Evolutionslehre beruft.

In der Schöpfungslehre werden diese Schichten jedoch ganz anders interpretiert: als Folgen riesiger Katastrophen. Die Ablagerungen gingen rasch vor sich - nicht in Jahrmillionen, sondern in Monaten. Für dieses Konzept sprechen unübersehbare Tatsachen. Es gibt z.B. *versteinerte Bäume*, die aufrechtstehend (!) durch mehrere Schichten ("Erdzeitalter") reichen. Oder Versteinerungen, in denen gerade ein Fisch den anderen verschlingt! Wie soll so etwas bei langsamen Ablagerungen in millionenlangen Zeiträumen vor sich gehen?

Versteinerter Baumstamm in Kohleflöz. Abb. Ruhrlandmuseum Essen, aus: J. Scheven, Karbonstudien, Hänssler Stuttgart 1986

All dies deutet auf Ablagerungen nicht in "Jahrmillionen", sondern in *kürzester Zeit* hin - als Folge gewaltiger weltweiter Katastrophen. Die größte dieser Katastrophen war nach diesem Konzept die Sintflut. In ihrem Gefolge kam es durch das Auseinanderdriften der Kontinente, durch Gebirgsfaltungen, Meeresbodenabsenkungen, Vulkanausbrüche und Klimaänderungen zu vielen weiteren Katastrophen. Es ging keineswegs immer so ruhig zu wie jetzt, wie es die Aktualismus-Anhänger (s. S. 56) gern hätten, um die "Jahrmillionen" für eine Evolution herbeizuschaffen.

Der beste Beweis dafür sind die versteinerten Fossilien. ***Versteinerungen sprechen grundsätzlich immer für schnelle Ablagerungen - und sie gibt es in jeder Schicht.***

In gewaltigen Überflutungen, Vulkanausbrüchen, Überschüttungen und Kälteeinbrüchen wurden Milliarden von Tieren versteinert bzw. in Sekundenschnelle eingefroren (z.B. die sibirischen Mammute). Die Landtiere finden sich oft in riesigen "Fossilienfriedhöfen" - Fluchtorte, an die sie geflüchtet waren. Ganze Wälder und ungeheure schwimmende Pflanzenmassen wurden von großen Sandschichten begraben und unter hohem Druck zu Kohle und Erdöl gepresst. Die Fossilien sprechen eine eindeutige Sprache - nicht für Jahrmillionen, sondern für Katastrophen. Millimeterdünne Farnwedel können nicht in langen Zeiträumen, sondern nur bei schnellsten Ablagerungen versteinern.

Versteinertes Farnkraut aus einem Steinkohlenflöz bei Osnabrück. Abb. aus der Zeitschrift "Leben", Kuratorium "Lebendige Vorwelt" / J. Scheven, Pf. 40, 65711 Hofheim

DIE "BIOGENETISCHE GRUNDREGEL"

1866 stellte Ernst Haeckel sein "Biogenetisches Grundgesetz" auf: Die Entwicklung des Embryos wiederhole die Entwicklung der Art. Obwohl einige Wissenschaftler dieses "Gesetz" von Anfang an anzweifelten, wurde es über 100 Jahre lang als feste wissenschaftliche Tatsache gehandelt. Der Embryologe Erich Blechschmidt und weitere Wissenschaftler wiesen nach, dass es gar nicht existiert: Haeckels "Kiemenfalten" sind einfache Beugefalten. Seine Illustra-

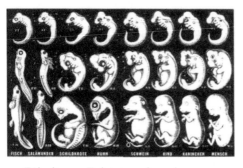

Fälschung. Zuletzt nachgewiesen von Michael Richardson, FOCUS 34/1997

tionen waren Fälschungen. Unter Wissenschaftlern wird dieser Sachverhalt inzwischen anerkannt, aber noch immer werden Schüler mit der „Biogenetischen Grundregel" irregeführt. Aus Schulbüchern ist es offensichtlich nicht auszurotten.

"PARADEBEISPIEL" PFERD

Als klassisches Beispiel für "Höherentwicklung" galt bis vor kurzem das Pferd. Man stellte eine aufsteigende Pferdefossilienreihe zusammen: von kleinen, mehrzehigen zu großen, einzehigen. Leider wechselte dabei die Zahl der Rippen fortwährend: Von 18 auf 15, dann 19 und wieder 18. Damit wurde jede "Entwicklung" hinfällig Das „Urpferd" Hyracotherium weist zudem mehr gemeinsame Merkmale mit einem Klippschliefer als mit einem Pferd auf. *(Joachim Scheven, Daten zur Evolutionslehre im Biologieunterricht, Hänssler Neuhausen 1979).*

"RUDIMENTÄRE" ORGANE

Sogenannte "nutzlose" Organe wie Blinddarm, Thymusdrüse und Steißbein führen Evolutionisten als Argument gegen eine göttliche Planung an. Inzwischen weiß man, daß alle diese Organe nicht überflüssig sind, sondern eine Funktion haben: Blinddarm und Thymusdrüse zur Krankheitsabwehr, das Steißbein als Muskelansatzpunkt. Auch die Becken- und Oberschenkelknochen der **Wale** gehören zum "Originalbauplan": Sie sind keine "rudimentären Gehwerkzeuge", sondern dienen als Ansatzstellen für starke Muskeln, die den Bauchraum der Wale vor dem Ausgepresstwerden in großen Tiefen schützen *(Reinhard Junker, Rudimentäre Organe und Atavismen, Pascal Berlin 1991)*.

KEIN LEBEN PER ZUFALL

Evolutionisten glauben, dass sich alles Leben aus einer "einfachen" Zelle in einer "Ursuppe" entwickelt habe. Inzwischen weiß man, dass die Zelle eines der kompliziertesten Gebilde überhaupt ist. Hoyle und Wickramasinghe berechneten die *Wahrscheinlichkeit* für die spontane Entstehung der 2000 für das Leben notwendigen Enzyme mit $1:10^{40.000}$! Sie zogen folgende Schlussfolgerung: Leben kann selbst dann nicht durch Zufall entstanden sein, wenn das ganze Universum aus "Ursuppe" bestünde! *(F.Hoyle/ Ch.Wickramasinghe, Evolution from Space, London 1981)*.

Auch Stanley Millers **Ursuppenexperiment** beweist nichts. Die Aminosäuren zerfallen gemäß *Massenwirkungsgesetz* genauso schnell, wie sie sich bilden. Es müssten sich aber Kettenmoleküle von über 100 Gliedern *in genau der richtigen Reihenfolge* verbinden, damit sie funktionieren. Der amerikanische Paläontologe Duane Gish schätzt die Wahrscheinlichkeit dafür selbst bei einem Zeitraum von 4,5 Milliarden  Jahren ("geschätztes" Erdalter) auf praktisch Null. *(Bruno Vollmert, Die Lebewesen und ihre Makromoleküle, Karlsruhe 1983)*.

Großes Aufsehen erregte ein Buch des amerikanischen Evolutionisten und Biochemikers Michael Behe. Er weist nach, daß in komplexen biochemischen Systemen auch nicht das kleinste Teil fehlen darf, weil sonst das ganze System zusammenbricht ("irreduzible Komplexität"). *Solche Systeme setzen unbedingt einen intelligenten Planer voraus.* Als einfaches Beispiel führt Behe dazu eine Mausefalle an. Sie besteht aus fünf Teilen. Alle fünf Teile müssen gleichzeitig und von Anfang an vorhanden sein, sonst funktioniert die Falle nicht.  Da Behe jegliche religiösen Anklänge vermeidet, spricht er von einem "intelligenten Designer" *(Michael Behe, Darwins Black Box, Resch, Gräfelfing 2007)*.

ABWÄRTS- STATT AUFWÄRTS- ENTWICKLUNG

Der *2. Hauptsatz der Thermodynamik* besagt: "In einem sich selbst überlassenen System wächst nicht die Ordnung, sondern die Unordnung." Statt Aufwärtsentwicklung herrscht in Wirklichkeit überall eine Tendenz zu Zerfall, Abbau, Desorganisation, wenn nicht ständig *Energie und Information* zugeführt werden: Berge erodieren, Körper verwesen, Hochzuchten verwildern, Tierarten sterben aus, Sprachen verflachen (die Sprachen primitiver Völker sind grammatisch ausgefeilter als moderne!), Sterne verglühen, Lebewesen altern, heißes Wasser wird kalt usw..

Ohne *Information* kann auch die Zufuhr von Sonnenenergie keinerlei Aufwärtsentwicklung in Gang setzen. Naturwissenschaftler schätzen, dass von allen Arten, die jemals auf der Erde gelebt haben, die meisten schon ausgestorben sind *(Hansruedi Stutz, Das ZDF und der Urknall, Factum 5/93)*. Statt Aufwärtsentwicklung und wachsender Formenvielfalt gibt es ständige Abwärtsentwicklung und Formenverlust - das genaue Gegenteil von "Evolution".

GEGENBEISPIELE AUS DEM TIERREICH

Gemäß Evolutionskonzept entwickeln sich die Lebewesen dadurch höher, dass der "am besten Angepasste" überlebt. Die weniger "Angepassten" sterben aus. Man spricht von "natürlicher Auslese" bzw. "Selektion". Alle Lebewesen unterlägen ständig einem "Selektionsdruck" in Richtung einer höheren, besseren Anpassung.

Die Fakten sehen anders aus. Es gibt Hunderte von Beispielen, die die Selektionshypothese widerlegen. Hier nur einige wenige Beispiele: Der *Specht* z.B. weist sieben Höchstspezialisierungen auf, die nur im Gesamtset funktionieren: Meißelschnabel, starke Nackenmuskeln, Stützschwanz, Kletterkrallen, eine einzigartige 20 cm lange Zunge mit Widerhaken bzw. Klebespeichel, einen genialen Stoßdämpfer im Schädel und schließlich den passenden Verhaltensinstinkt dazu. Diese Spezialausrüstung konnte er nie "entwickeln", denn sie ist nur im Gesamtset hilfreich. Außerdem gab es überhaupt keinen "Selektionsdruck" dafür, denn er hätte seine Nahrung genauso wie z.B. Amseln im Laub finden können. Siebenfache Koordination per Zufall oder intelligente Planung? *(Wolfgang Kuhn, Stolpersteine des Darwinismus, Christiana, Stein am Rhein 1999).*

- Der *Koalabär* ist im Sinne von "Evolution" eine der höchstangepassten "Entwicklungen" überhaupt. Er lebt nur noch von Eukalyptusblättern. Ähnlich der *Pandabär*, der nur Bambusblätter frisst. Aber ihre "Höchstentwicklung" ist in Wirklichkeit eine extreme Abhängigkeit. "Primitive" Allesfresser sind viel überlebensfähiger. Eine hohe "Anpassung" bedeutet also durchaus keinen Überlebensvorteil *(Wolfgang Kuhn, ebd.).*

- Bei den *Libellen* legt das Männchen seine Samen zunächst in eine Tasche an seiner Brust, aus der sie das Weibchen dann mit dem Hinterleib herausholen muss. Falls dieses Paarungsverhalten durch Selektion hätte zustandekommen sollen, hätten alle Schritte dahin exakt parallel erfolgen müssen! Wenn nämlich das Weibchen nicht "gewusst" hätte, wo die Samen zu finden sind, wären die Libellen längst ausgestorben. Mit einer besseren  "Anpassung" hat das absolut nichts zu tun, denn die unter Insekten übliche "einfache" Direktübertragung ist weitaus sicherer. Es ist ganz einfach Codierung von Anfang an *(Wolfgang Kuhn, ebd.)*.

- Die Gallen der *Gallwespe* werden vom befallenen Baum auf Kosten seiner eigenen Gesundheit ernährt. Eine solche *fremddienliche, selbstschädigende Verhaltensweise* darf es gemäß "Evolutionsgesetz" gar nicht geben. Sie ist das Gegenteil von Selektion! *(Wolfgang Kuhn, ebd.)*

- Auf *Schmetterlingsflügeln* finden sich oft "Eulengesichter" oder "Schlangenköpfe", die Feinde abschrecken.  Sie werden durch Tausende von winzigen Einzelschuppen gebildet. Wieso haben sich diese Schuppen gerade als "Feindschema" angeordnet? Durch Zufall, Selektion und Evolution ist diese Codierung in keiner Weise erklärbar! Sie lässt sich nur durch intelligente, absichtliche Planung schaffen.

DER "STAMMBAUM" DES MENSCHEN

Oft finden sich in Schulbüchern "Rekonstruktionen" von "Affenmenschen". Sie sind reine Phantasie. Man kann z.B. aus dem Schädel des Neandertalers einen Affenmenschen oder einen normalen Neuzeitmenschen "hervorzeichnen". Von den vorliegenden Funden her ist der "Stammbaum des Menschen" absolut brüchig:

- *Ramapithecus*: Knochenfunde in Indien; Vermutung: "ältester menschlicher Vorfahre". Heutige wissenschaftliche Ansicht: Orang-Utan
- *Australopithecus*: Afrika; "Menschenartiger". Heute: ausgestorbener Affe.
- *Nebraska-Mensch*: 1 Zahn; "ältester Urmensch". Heute: Nabelschwein.
- *Java-Mensch*: Schädelteil, Oberschenkel, 3 Zähne; "Affenmensch". Heute: Schädel vom Gibbon, Rest normaler Mensch.
- *Piltdown-Mensch*: Hinterkopf, Kiefer, 2 Backenzähne in England; "Vormensch". Heute: Fälschung, Kiefer vom Menschenaffen. 40 Jahre lang glaubten fast alle Wissenschafter daran!
- *Heidelberger*: Unterkiefer; "Affenmensch". Heute: normaler Mensch.
- *Neandertaler*: Schädelkappe; "Vormensch". Heute: normaler Mensch.
- *Peking-Mensch*: 40 beschädigte Schädel, 140 Zähne; "Vormensch". Heute: normaler Mensch.
- *Cro-Magnon-Mensch*: Südfrankreich u.a.; "älter" als andere Funde, aber wie moderner Mensch.
- Leakeys *Schädel 1470*, Johansons *Lucy* usw.: „älteste Urmenschen". Heute: ausgestorbene Affenlinie; widersprüchliche Ansichten.

Offensichtlich waren Menschen schon immer Menschen und Affen schon immer Affen. Die angenommenen "Über-

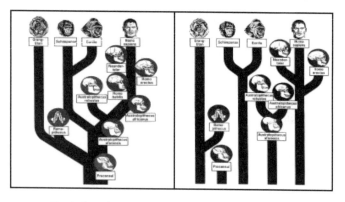

Evolutionssicht:
gemeinsame Urzelle; Zufall

Schöpfungssicht:
getrennte Grundtypen; Schöpfer

Abb. aus: Reinhard Junker, Stammt der Mensch von Adam ab?, Hänssler Stuttgart 1993. Unterrichtsmaterial, herausgegeben von WORT UND WISSEN, Rosenbergweg 29, D-72270 Baiersbronn

gänge" sind reine Spekulation. Eine Evolution (Entwicklung) ist nirgends erkennbar. Der Mensch unterscheidet sich in ganz wesentlichen Merkmalen vom Tier: Er besitzt Ichbewusstsein, Verstand, Kreativität, Urteilsvermögen, Sprachvermögen, ein Gewissen, Empfinden für Recht und Unrecht, Verantwortungsbewusstsein und die Möglichkeit der freien Entscheidung. Alles keine materiellen, sondern geistige Größen - sie können ihren Ursprung nur auf der geistigen Ebene haben.

Ist es bei einem derartigen Beweismangel unangemessen, das Evolutionskonzept als unbewiesene Spekulation zu bezeichnen? Bereits in der Unmenge der Evolutionshypothesen stecken so viele Widersprüche, dass das Evolutionskonzept schon in sich unstimmig ist.

Der Evolutionist Arthur Keith gibt den Grund an, warum der Evolutionsgedanke trotzdem unausrottbar ist: *"Die*

Evolution ist unbeweisbar. Wir glauben aber daran, weil die einzige Alternative dazu der Schöpfungsakt eines Gottes ist, und das ist undenkbar."

Warum ist das "undenkbar"? Weil offenbar "nicht sein kann, was nicht sein darf" - nämlich eine dem Menschen übergeordnete Instanz, der wir einmal Rechenschaft geben müssen und die unsere ganze Selbstbestimmung zum Luftschloss macht. Der Mensch ist nun mal gern "autonom", auch wenn ihn das letztlich selbst zerstört.

Das Evolutionskonzept übt vor allem deshalb einen so zerstörerischen Einfluss aus, weil es praktisch allen atheistischen Glaubenssystemen als *"wissenschaftliche" Grundlage* dient: Kommunismus/Marxismus, Materialismus, Nationalsozialismus, Faschismus, Rassismus, Existenzialismus, Rationalismus, Anarchismus, Liberalismus, Humanismus usw. Alle diese Ideologien und Philosophien gewinnen auf der Grundlage von "Evolution" den Schein einer Wissenschaftlichkeit, die sie überhaupt nicht besitzen.

Wissenschaftler stehen nun einmal in dem Ruf, dass sie sachlich, nüchtern, objektiv, neutral sind, nur der Wahrheit verpflichtet. Aber auch sie sind Menschen und menschlich und damit anfällig für persönliche *Meinungen, Ideologien, Weltanschauungen*. Diese wirken sich fast immer auch auf "sachliche" wissenschaftliche Ergebnisse aus. Das gilt durchaus nicht nur für gläubige Wissenschaftler, sondern genauso für Atheisten. Die Weltanschauung gewinnt sehr schnell die Oberhand über die Daten. Alles muss ja immer auch interpretiert werden.

Ohne klare Information sind die wenigsten Menschen in der Lage, zwischen Wahrheit und Lüge zu unterscheiden. Manche allerdings wollen gar keine Information, weil ihnen ihr System vorübergehende Vorteile bringt. Doch am Schluss sind sie einfach nur Verführte oder Verführer.

Dies führt uns zu einer weiteren Frage: Warum ist der Mensch so anfällig für Verführung? Warum können menschenverachtende, zerstörerische, "böse" Ideologien so große Macht über Menschen und ganze Völker gewinnen?

Wenn es Gott gibt - warum lässt er zu, dass sich das Böse so ausbreiten kann? Warum lässt er zu, dass Millionen Menschen darunter leiden müssen? Warum lässt er Unschuldige sterben, warum geht es Verbrechern oft gut? Warum greift er nicht ein?

An diesen Fragen haben schon viele Menschen ihren Glauben verloren. Die Bibel antwortet auch auf diese bohrenden Fragen.

Wenn es Gott gibt - warum lässt er Leid und das Böse zu?

Warum lässt Gott zu, dass Erdbeben, Hurrikane und Überflutungen Millionen Menschen auslöschen? Warum lässt er unschuldige Kinder leiden? Warum lässt er zu, dass junge Väter oder Mütter an Krebs sterben? Warum lässt er es Betrügern gut gehen? Warum lässt er eine so kaputte Welt zu?

Wenn er allmächtig und ein Gott der Liebe ist, warum stoppt er das nicht?

An diesem Punkt sagen viele Menschen: ***Gott kann es nicht geben!*** Und wenn, dann ist das kein guter Gott. Denn wenn er das Böse verhindern kann, es aber nicht *tut*, ist er nicht ***gut***. Wenn er es aber nicht verhindern *kann*, ist er nicht ***allmächtig***. In beiden Fällen kann man ihn vergessen. Denn ein Gott, der nicht helfen kann oder will, ist kein Gott.

Sie haben recht. Ein solcher Gott ist absurd. Woran liegt es also, dass es das Böse in der Welt gibt, wenn Gott gut und allmächtig ist? Denn dass er das ist, haben schon unzählige Menschen erlebt. Sie haben *erlebt*, wie Gottes Liebe und umgestaltende Kraft in ihr Leben kam und alles zum Guten veränderte. Aber andere, die genauso gut oder schlecht waren, haben es nicht erlebt. Gerade diese Unberechenbarkeit löst viele Fragen aus. Ist Gott denn launisch oder willkürlich?

Warum bleibt die eine Frau gesund, und die andere stirbt jung an Krebs? Die meisten Kinder werden gesund geboren, aber immer wieder kommen unschuldige Kinder schon behindert auf die Welt. Warum? Warum muss ein liebenswerter Mann und Vater ohne eigene Schuld tödlich verunglücken? Ist das für immer letzte Realität?

An diesen Fragen verzweifeln viele Menschen. Sie sind auch im Einzelfall nie völlig beantwortbar. Aber Gott gibt uns Hinweise, warum unsere Welt so voller Willkür und Ungerechtigkeit ist. Er tut das durch sein Wort, die Bibel. Die Bibel macht uns klar, warum wir trotz allem Leid an einen guten und sogar mitleidenden Gott glauben können.  Sie zeigt uns, warum wir auch in schwerstem Leid noch Hoffnung und Zuversicht bewahren können.

Die Bibel hilft uns, das ganze Bild zu sehen. Sie öffnet uns den Blick für das, was über unser jetziges Leben und den Tod hinausreicht. ***Das gibt uns Zuversicht und Trost.*** Sie deckt aber auch auf, warum es in dieser Welt sinnloses, willkürliches Leid gibt. ***Das bewahrt unser Vertrauen auf Gott.*** Sie deckt die Wurzel hinter allem Leid und aller Ungerechtigkeit auf.

Sie zeigt, dass nur ganz wenige Fragen wirklich an Gott gerichtet werden können - die meisten fallen zurück auf uns Menschen.

Zu letzteren Fragen gehören solche wie: Warum lässt Gott Krieg und Gewalt zu? - Warum lässt Gott Not und Hunger zu? - Warum lässt Gott es zu, dass ein Mensch einen anderen ermordet? - dass Eltern ihr Kind misshandeln? - dass ein Mann seine Frau betrügt? - dass wir stehlen oder lügen? - dass *wir selbst* Leid verursachen?

Die Antwort auf diese Fragen weist auf den Menschen zurück, auf uns selbst. Nicht Gott, sondern wir selbst sind die Ursache für das meiste Leid und Unrecht in der Welt. Das meiste Leid fügen wir uns gegenseitig zu.

Es sind *Menschen,* die Kriege beginnen. Es sind wir *Menschen,* die töten, quälen, foltern, lügen und betrügen. Es sind wir Menschen, die egoistisch, habgierig, grausam oder untreu sind! Oft zerstören wir uns durch Drogen, Alkohol, Hass oder Perversionen sogar selbst. Warum? Warum lässt Gott es zu, dass wir so etwas tun?

Nichts davon ist Gottes Wille! Wenn es jemanden gibt, den diese Dinge schmerzen, dann ist es Gott. Er möchte weder, dass *wir andere* verletzen noch *andere uns.* Dafür hat er uns z.B. ein Gewissen, Mitgefühl, Liebe und ein Gerechtigkeitsempfinden gegeben. Dafür sind schließlich auch seine Gebote, die uns klar aufzeigen, was Gott will - nämlich das Gute - und was er nicht will - nämlich das Schlechte.

Weil er uns aber bedingungslos liebt, hat er uns auch einen *freien Willen* gegeben. Diesen respektiert er total. Gott zwingt sich uns nicht auf. Wir können uns für oder gegen ihn entscheiden. Für oder gegen seine Gebote, seinen Willen, seine Pläne und auch gegen ihn selbst. Wir können uns entscheiden, ob wir gut oder böse handeln wollen. Das ist unsere Freiheit, aber auch unsere Verantwortung! Wir sind geschaffen "im Ebenbild Gottes" - d.h. mit Entscheidungsfreiheit. Wir sind keine Roboter, sondern freie Geschöpfe, die ihr Leben *mit* oder *ohne* Gott leben können.

Gott möchte, dass wir seine Liebe *freiwillig* erwidern.

Liebe erfordert absolute Freiwilligkeit. Darum hat er uns mit einer solch unbegrenzten Freiheit geschaffen, dass wir uns sogar *gegen* ihn entscheiden können.

Diese Welt ist zum großen Teil deshalb so kaputt, weil wir genau das auch ständig tun. Wir leben unabhängig von Gott und bestimmen selbst. Die Folge ist Egoismus und damit unabsehbares Leid für andere. Das meiste Leid in der Welt geschieht deshalb, weil *wir Menschen* uns entscheiden, Unrecht zu tun und damit Leid zu verursachen.

Es hilft auch nicht, wenn wir fragen: "Warum stoppt Gott die Mörder, Terroristen, Bombenleger nicht? Warum greift er nicht ein?" - Wann soll er eingreifen? Bei einer Lüge? Bei einem Einbruch? Oder erst bei einem Banküberfall, einem Mord? Wenn wir eine CD stehlen oder erst bei Autodiebstahl? Wenn Gott immer sofort eingreifen würde, hätten wir alle keine Chance. Stattdessen ist Gott "langmütig". Er gibt uns Zeit, zu ihm umzukehren und neu anzufangen.

Dies ist die Antwort auf die Frage nach dem Leid, wenn Menschen beteiligt sind. Gott hat sich selbst begrenzt, um uns Menschen Gelegenheit zu geben, uns freiwillig auf seine Seite zu stellen. Wer das nicht tun will, tut es natürlich auch nicht - daraus folgt viel Leid. Aber nur, wenn ein Mensch dies tut, wird er - laut Bibel - auch die Ewigkeit auf Gottes Seite, in seinem Reich des Lichtes, verbringen.

Es gibt es aber auch Leid, für das Menschen nicht verantwortlich sind. Das sind Unglücke, Krankheiten, Katastrophen, die oft „aus heiterem Himmel" über Menschen hereinbrechen, und für die es keine menschlich-logische Erklärung gibt. Dazu gehören das kleine Mädchen, das behindert geboren wird, die junge Frau, die an Krebs stirbt, oder die Opfer eines Wirbelsturmes, eines Erdbebens, einer Überflutung. Warum lässt Gott das zu? Hat er keine Macht, das zu verhindern? Was sagt die Bibel hierzu?

Die Bibel sagt folgendes: Diese Welt ist nicht mehr so, wie sie ursprünglich geschaffen wurde. Gott hat diese Welt ursprünglich ohne Leid, Tod, Schmerz und das Böse geschaffen *(1. Mose 1,31)*.

Das Böse ist die Folge einer zweifachen Auflehnung gegen Gott: einmal in der Engelwelt, als sich der Lichtengel Luzifer gegen Gott stellte, aus dem Himmel gestürzt wurde und zum Satan wurde *(Jes. 14, 12-14)*. Zum anderen in der irdischen Welt, als der Mensch das einzige Gebot brach, das Gott ihm gegeben hatte, nämlich keine Frucht vom Baum der Erkenntnis des Guten und des Bösen zu essen *(der "Sündenfall", 1. Mose 3,6)*. Mit diesem Vertrauensbruch machte er sich von Gott unabhängig. Er stellte sich außerhalb des Willens Gottes und löste eine Kettenreaktion der Sünde aus. Damit verlor er den Schutz Gottes und geriet unter den Macht- und Einflussbereich Satans.

Alle Menschen, die seither geboren werden, werden von Anfang an *in eine „gefallene", unheile, kaputte Welt hineingeboren, in der auch das Böse existiert.* Dieses „Böse" durchzieht seitdem alle Bereiche und Prozesse unseres Lebens und wirkt direkt und indirekt zerstörerisch. Dies ist die Antwort auf die Frage nach dem Leid, wenn Menschen nicht beteiligt sind. Es ist die Folge dessen, dass wir in einer unheilen, entarteten Welt leben.

Aber das Böse gehört sozusagen auch zu unserem Erbgut und ist von Anfang an Teil unserer Persönlichkeit. Die Bibel spricht davon, dass unser "Herz" böse ist von Geburt an - und nicht "im Kern gut", wie wir es als Humanismus-Anhänger gern hätten. Dass die Sicht der Bibel realistischer ist als unser Wunschdenken, lässt sich leicht beobachten, wenn schon zweijährige Kinder mit ihrem Spielzeug aufeinander einschlagen. Der Mensch leidet in dieser Welt an den Folgen dessen, dass er seine Unabhängigkeit höher gestellt hat als die Gemeinschaft mit Gott.

Gott „lässt es zu", dass *wir selbst* uns viele Male in unserem Leben gegen seinen Willen entscheiden. *Er lässt uns tun, was wir wollen.* In der Bibel heißt es: Wenn wir die Wahrheit immer wieder ablehnen, „überlässt" uns Gott unseren Wünschen und Begierden *(Römer 1, 24).* Das ist bereits eine Form seines Gerichts.

Für Gott ist jede Entscheidung für das Böse, auch in „Kleinigkeiten", Sünde. Es ist immer eine Entscheidung gegen den Willen Gottes. Alle unsere Verfehlungen und Unrechtshandlungen, unser Egoismus und unsere Selbstherrlichkeit trennen uns von Gott. ***Diese Trennung hält, wenn sie nie aufgehoben wird, auch über unseren Tod hinaus an!*** Wir stellen uns damit auch persönlich auf die Seite des Bösen. Damit aber blockieren wir letztlich selbst unsere gute Zukunft bei Gott. Wir verschließen uns damit selbst den Himmel.

Die grundsätzliche Antwort auf die Frage nach dem Leid und dem Bösen lautet also: Beides ist eine Folge der Sünde - entweder direkt oder indirekt. Darum treffen Unglück und Leid ja auch scheinbar wahllos Gute und Schlechte, Schuldige und Unschuldige. Sünde wirkt zerstörerisch in alle Richtungen, ziellos und ungerichtet.

Das ist z.B. der Fall, wenn jemand mit Alkohol am Steuer einen tödlichen Unfall verursacht und das Unfallopfer daran völlig unschuldig ist. Aber auch ohne Alkohol kannst du schuldig werden: Du brauchst nur eine Sekunde lang das Steuer zu verziehen, weil du vielleicht dein Handy bedienst. Plötzlich bist du schuldig am Tod eines Menschen. Du selbst bist dann zum Werkzeug am Unglück eines anderen geworden, den dafür keine Schuld trifft.

Wir arbeiten daher alle auf vielfältige, oft verborgene Weise mit an der Sünde in der Welt, auch wenn wir uns nie etwas Schwerwiegendes zuschulden kommen lassen. Wer von uns weiß denn, wieviele Menschen er schon mit Worten tief verletzt hat - ohne es zu merken. Vielleicht hast du mit deinen Worten schon Menschen in Leid, Verzweiflung oder ins endgültige Aus gestürzt? Wer kann seiner selbst schon sicher sein?

Gottes Maßstäbe sind unbestechlich. Seiner Gerechtigkeit entgeht nichts. Gott legt seinen Maßstab nicht nur an unsere Taten, sondern auch an unsere Worte, Motive und Gedanken. Wer will da noch von sich sagen, er sei gut, schuldlos, gerecht, rein, ehrlich, selbstlos oder was auch immer? Das ist nach den Maßstäben Gottes unrealistisch. In Gottes Augen sind wir alle mit Schuld beladen.

Jesus Christus, der Sohn Gottes, kam in diese Welt, um sowohl eine Lösung für alle Sünde und Schuld als auch für alles Leid und jede Ungerechtigkeit zu schaffen. Er identifizierte sich völlig mit unserer Schuld. Als Unschuldiger am Kreuz erlitt er alles Unrecht und alles Leid, das einem Menschen geschehen kann. Dort nahm er unsere Schuld auf sich. Aber gerade mit seinem Tod am Kreuz besiegte er grundsätzlich ein für allemal die Macht des Bösen in dieser Welt. Dieser Sieg ist bereits geschehen, auch wenn das Böse bis zur Wiederkunft Jesu (die die Bibel vorhersagt) noch wirken kann.

Gerade im Leid können wir deswegen die **_Nähe und Liebe Gottes_** oft ganz deutlich erfahren. Jesus schuf für alle, die sich zu ihm halten, eine Antwort auf die willkürlichen Schicksalsschläge, die uns treffen können.

Diese Antwort ist der Zugang in das Reich Gottes, in dem es kein Leid mehr geben wird *(Offenbarung 21,4)*. Das ist kein "billiger Trost für später", sondern eine feste Realität unseres Lebens, mit der wir selbst schlimmste Schicksalsschläge überwinden können.

Wenn jemand seinen Trost und seine Hilfe nur in diesem Leben erwartet, wird er ganz sicher enttäuscht, denn unser irdisches Leben ist begrenzt! Viele Menschen sterben, ohne dass sie Heilung oder Gerechtigkeit empfangen haben. ***Aber Gottes Liebe und Gerechtigkeit reichen über dieses Leben hinaus.*** Nur das kann uns echten Trost vermitteln. Es ist die "Ewigkeitsperspektive".

Doch für das Reich Gottes, den „Himmel", müssen wir uns entscheiden. Niemand (außer unmündigen Kindern, die noch unter der Gnade Gottes stehen; *Lukas 18, 16*) erhält dort automatisch Zutritt. In Anbetracht unserer Sündhaftigkeit ist das nur logisch und konsequent. Wäre es anders, wäre der Himmel kein Himmel mehr, sondern lediglich eine "verewigte" Erde - mit allem Schmutz, Unrecht, Neid, Hass, Egoismus wie bisher, nur ewig. Einen solchen Ort kennt die Bibel auch - die Hölle.

Jeder Mensch begeht Unrecht. Jeder empfängt nicht nur Leid, sondern verursacht es auch. Vor Gott werden wir alle schuldig.

Es kommt noch etwas dazu: Wir können keinerlei Unrecht, das wir begehen, wieder rückgängig machen. Niemand kann ein böses Wort, eine Lüge, einen Mord, einen Ehebruch wieder „zurückholen" und ungeschehen machen. Wer eine Lüge ausspricht, hat gelogen, auch wenn er hinterher 100mal die Wahrheit sagt.

Unsere guten Werke können darum unsere schlechten nie „ausgleichen". *Wir können uns daher nie selbst „gerecht" machen.* Das kann *nur Gott.* Aber auch er kann es nur deshalb, weil *Jesus* bereit war, am Kreuz den Preis dafür zu zahlen! Die einzige Chance, unser Versagen und unsere Schuld wieder auszulöschen, führt daher über Jesus Christus. Nur er kann uns unsere Schuld vergeben. Jesus sagt: *"Ich bin der Weg, die Wahrheit und das Leben. Niemand kommt zum Vater als durch mich" (Johannes 14, 6).*

Die Tür zu einer guten Zukunft ist für jeden Menschen offen, aber hineingehen müssen wir selbst. Das kann dir niemand abnehmen Das kann niemand für dich tun. Was dies im einzelnen bedeutet, wird noch beschrieben.

Es gibt noch eine andere Frage, die ebenfalls viele Menschen nie loslässt, und von der viele glauben, sie sei in diesem Leben nicht zu beantworten. Es ist die Frage nach dem Tod. Was kommt danach?

Auch für sie gibt es klare Antworten.

Was spricht dafür, dass es nach dem Tod weitergeht?

Seit Jahrtausenden versucht der Mensch auf jede mögliche Weise, den Schleier zu lüften, der über dem liegt, was nach dem Tod kommt. Philosophen, Wissenschaftler, Theologen, Esoteriker, Gurus, Spiritisten, Sterbeforscher haben sich daran die Zähne ausgebissen. Jede Religion bietet ihre eigene Version an. Jeder Mensch hat seine persönliche Ansicht dazu.

Alle Ansichten der ganzen Welt zusammen bringen uns allerdings keinen Schritt weiter. Wenn wir nichts Genaues, Festes, Sicheres darüber wissen können, bleibt jede Diskussion nur Spiegelfechterei. Was wir brauchen, sind begründete und verlässliche Informationen. Diese Informationen gibt es. Es gibt begründete Hinweise darüber, wie es weitergeht. Letztlich kann man *wissen*, was Phantasie und was Tatsache ist. Niemand muss das Risiko eingehen, daß er sich auf etwas Falsches verlässt.

Hier stichwortartig die gängigsten Ansichten über das, was nach dem Tod kommt:
- *gar nichts.* Die Ansicht der Atheisten. Der Körper verfällt, übrig bleibt Erde. Von Seele, Geist keine Spur.

- *das Nirwana, das „Nichts".* Die Ansicht der Buddhisten. Allerdings kommt das Nirwana nicht sofort, sondern erst nach hundert- oder tausendfacher Reinkarnation (Wiederverkörperung, Seelenwanderung). Erst nach totaler „Erleuchtung" kannst du aus diesem Kreislauf aussteigen und ins „Nichts" eingehen.

- *das Einswerden mit „Brahman", dem göttlichen Es.* Die Ansicht der Hindus. Auch dies erfolgt erst nach hundert- oder tausendfacher Reinkarnation. Je nach Verdienst oder Versagen („Karma") wirst du bis dahin laufend als anderes Lebewesen neu geboren. Dabei ist auch der Abstieg zum Tier möglich.

- *das Einswerden mit der kosmischen Energie.* Die Ansicht der Esoteriker und New Age-Anhänger. Ebenfalls erst nach unzähligen Reinkarnationen. In den westlichen Ländern wurde die „absteigende" Reinkarnation abgeschafft; hier geht es nur noch "aufwärts". In der Rangreihe ganz oben sollen dann bereits die „Meister der großen weißen Bruderschaft" sein.

- *Paradies oder Hölle.* Die Ansicht der Muslime. Je nach Einhaltung der fünf Hauptgebote („Säulen") des Islam folgt entweder Paradies oder Hölle. Die Letztentscheidung liegt in jedem Fall bei Allah („Kismet" = göttliche Vorherbestimmung). Es kann also auch ganz anders als erwartet kommen.

- *Himmel oder Hölle.* Die Ansicht der Christen. Gemäß Bibel je nach Vergebung oder fehlender Vergebung. Vergebung kann grundsätzlich jeder erlangen, aber nur wer auf Gottes Angebot (das Evangelium) eingeht, erhält sie auch.

Schon auf den ersten Blick wird deutlich, daß nicht alles zugleich richtig sein kann: Es kann nicht zugleich nur ein einziges irdisches Leben geben (Christentum, Judentum, Islam) oder viele tausend Wiederverkörperungen (Buddhismus, Hinduismus, New Age). Gott kann nicht zugleich eine unpersönliche kosmische Energie oder ein persönlicher, wertender Gott sein. Er kann nicht zugleich ein liebender, gerechter, vertrauenswürdiger oder ein willkürlicher, unberechenbarer Gott sein.

Es können daher nicht alle Wege zum „gleichen Gott" führen. Die einzelnen Gottesvorstellungen und Wege sind zu unterschiedlich, als dass sie sich alle unter einen Hut bringen ließen. Vieles schließt sich gegenseitig aus. Wenn etwas davon wahr ist, *muss* das andere falsch sein. Wer sich auf etwas Falsches verlässt, muss auch mit negativen Konsequenzen rechnen. Das gilt für Atheisten und Gläubige gleichermaßen. Entscheidend ist nämlich nicht unser Glaube, sondern die *Realität*. Es geht also darum, die Wirklichkeit, die REALITÄT, herauszufinden.

Dass es überhaupt weitergeht, legen vor allem die Aussagen der Bibel nahe, die in ihren durchweg fehlerlosen Prophetien einen übernatürlichen Nachweis ihrer Glaubwürdigkeit erbringt. In die gleiche Richtung weisen auch ganz deutlich die Sterbeerlebnisse „klinisch Toter", die wiederbelebt werden konnten, sowie bestimmte Erscheinungen aus dem okkulten Bereich, die auf natürliche Weise nicht erklärbar sind.

Wenn die einzelnen Religionen völlig unterschiedliche Versionen darüber anbieten, was hinterher kommt, müssen wir also die einfache Frage stellen, was davon richtig ist.

Erste Berichte über Sterbe- bzw. Nahtod-Erlebnisse sammelten zunächst Raimond Moody und Elisabeth Kübler-Ross. Sie befragten Patienten, die bereits klinisch tot waren (Herz- und Atemstillstand), aber wiederbelebt werden konnten, nach ihren "Erlebnissen". Übereinstimmend berichteten diese Patienten von einem „Verlassen" ihres Körpers. Dabei konnten sie sich selbst und das Operationsteam von außerhalb ihres Körpers beobachten: "Ich fühlte die Trennung von meinem Leib. Ich schaute hinüber und beobachtete, wie sich die Krankenschwestern und Ärzte an meinem Körper zu schaffen machten. Ich selbst fühlte mich zufrieden und friedevoll ... "

Die meisten konnten hinterher so genaue Einzelheiten über die Operation beschreiben, dass Täuschungen auszuschließen sind. Später gelangten die Betreffenden meist in einen dunklen Tunnel, der am Ende in eine lichtvolle Umgebung führte. Im Gegensatz zu den Ausagen der Bibel, die auch  von einer Hölle berichtet, finden sich Berichte negativer Art bei Moody und Kübler-Ross nicht. Dazu muss man wissen, dass beide selber esoterische Experimente durchführten und somit esoterisch geprägt und belastet waren.

Ganz anders bei einigen Fällen, die der Arzt Maurice Rawlings unmittelbar selbst miterlebte. Außer Lichterlebnissen hatten Patienten bei ihm auch Erlebnisse negativer Art. Ein Patient berichtete: "Ich stand am Strand eines großen Ozeans aus blauem Feuer. Ich sah Leute, die ich gekannt hatte, die gestorben waren ... einen Jungen, mit dem ich zur Schule gegangen war ... Die Szene war so furchterregend, dass Worte fehlen." *(Maurice Rawlings, Zur Hölle und zurück, Fliß Hamburg 1996)*.

Rawlings beschreibt, wie Patienten bei der Wiederbelebung oft mit Anzeichen größten Entsetzens aufwachten und Ausrufe wie „Holt mich zurück!" - „Ich bin in der Hölle!" von sich gaben. Merkwürdigerweise wussten die gleichen Patienten bei einer späteren Befragung nichts mehr von diesen Schreckensäußerungen. Rawlings schloss daraus, daß diese Erlebnisse so schockierend waren, daß sie später verdrängt wurden. Ähnliche „Höllenerlebnisse" bestätigten später auch die Sterbeforscher B. Greyson und N. Bush *(Psychiatry 55/1992)*.

Auch wenn keiner dieser „klinisch Toten" endgültig gestorben war, zeigen diese Berichte zumindest zweierlei:

1. der Mensch ist mehr als Materie.

2. der nichtmaterielle Anteil der menschlichen Persönlichkeit (Geist) kann auch getrennt vom Körper existieren.

Natürlich sind Erfahrungen immer subjektiv. Aber es ist doch ein Unterschied, ob viele Leute nur der gleichen Meinung sind, oder ob sie die gleichen Erfahrungen machen. Noch dazu unter ganz verschiedenen Umständen *(Harke, Übernatürliche Erlebnisse auf der Schwelle vom Leben zum Tod, Hurlach 2004)*.

Okkulte Phänomene sind mit Vorsicht zu betrachten, aber die Vielzahl bisher belegter (und z.T. sogar gefilmter) übersinnlicher Erscheinungen zeigt, dass es sich um reale Dinge handelt. Sie sprengen unser dreidimensionales Weltbild und sind mit natürlichen Abläufen nicht erklärbar. Dazu gehören „Materialisationen" (Verstofflichungen), „Levitationen" (Schwebezustände von Personen), „Telekinese" (magische Fernbewegung), „Exkursionen" (Seelenreisen nach Körperaustritt) usw.

Parapsychologen wollen solche Vorgänge auf „seelische Kräfte" zurückführen. Aber in vielen Fällen ist diese Erklärung nicht möglich. Deutlich wird dies bei bestimmten Trancebotschaften durch ein Medium und bei „Präkognition" (Vorherwissen): Wie kann jemand vorherwissen, was erst in einigen Tagen geschehen wird? In allen diesen Fällen müssen, wenn kein Betrug vorliegt, *Informationen aus einer nichtmateriellen Dimension erfolgen*. Dass man es bei okkult-spiritistischer Betätigung mit realen Mächten zu tun hat, zeigen schon die vielfältig negativen Folgen derartiger Experimente - von Depressionen und Zwängen über Stimmenhören und Süchten bis hin zu zwanghaften Selbstmordgedanken.

Es gibt offensichtlich eine unsichtbare, nichtmaterielle Dimension, von der konkrete negative Einflüsse ausgehen. Schon dies legt den Schluss auf die Existenz Satans und einer Hölle nahe.

Witze über die Hölle gibt es genug: "Da ist es schön warm, da treffe ich meine Freunde wieder, da können wir in Ruhe Skat spielen" usw. Ganz lustig, aber nur, wenn es keine Hölle gibt. Denn laut Bibel geht es bei der Hölle um ewige Konsequenzen. Ist das eine Drohung, um Leute zu manipulieren? Oder nicht vielmehr eine Warnung, um Menschen vor einer schlimmen Zukunft zu bewahren?

Was spricht *gegen* eine Hölle?

Dagegen sprechen z.B die Meinungen bekannter Persönlichkeiten: Goethe glaubte nicht an eine Hölle, Nietzsche auch nicht, Buddha auch nicht. Ebensowenig Marx, Freud, Sartre; wahrscheinlich auch Hitler und Stalin nicht. Heute

gehört es zum guten Ton, nicht daran zu glauben. Selbst viele Pastoren, Pfarrer, Theologen glauben nicht an die Existenz einer Hölle.

Andere können sich einen Gott, der so etwas zuließe, nicht vorstellen: "Das ist unvorstellbar - grausam und unmenschlich - ein solcher Gott wäre ein Sadist."

Alle diese Argumente haben eines gemeinsam: sie lassen sich nicht beweisen. Es sind alles Meinungsäußerungen, also Glaubensaussagen. Es gibt nichts Konkretes, nichts objektiv Nachweisbares, keine einzige Tatsache, die die Existenz einer Hölle definitiv ausschließen würde.

Was spricht außer den Bibelaussagen und den Nahtod-

Erlebnissen "klinisch Toter" noch *für* eine Hölle?

Indirekt, aber deutlich auch die menschliche Erfahrung. Die menschliche Erfahrung lehrt überall und zu allen Zeiten, dass es zumindest eine "Hölle auf Erden" gibt. Die Grausamkeit, zu der der Mensch fähig ist, kann nicht aus "heiterem Himmel" kommen. Offensichtlich wird unser Denken und Handeln immer wieder negativ beeinflusst - von außen.

Obwohl wir durch unser Gewissen und Gerechtigkeitsempfinden wissen, wann etwas "böse" und unrechtmäßig ist, *handeln wir trotzdem so. Manchmal sogar dann, wenn wir es nicht wollen und dagegen ankämpfen.* Wir erleben in unserem eigenen Innern, dass es einen *Kampf* zwischen Gut und Böse gibt. Immer wieder siegt unsere selbstsüchtige Seite über unsere positive Seite. Wenn es aber einen Kampf gibt, spricht dies dagegen, daß Gut und Böse aus der gleichen Quelle kommen (wie es z.B. die fernöstlichen Religionen lehren). Im Gegenteil, Gut und Böse stellen zwei gegensätzliche Seiten dar. Offensichtlich geht von ihnen auch eine *Wirkung* aus, die ständig auch auf unsere Entscheidungen einwirkt. Denn warum handeln wir denn oft "böse", obwohl wir es eigentlich nicht wollen?

Wenn es aber gegensätzliche *Seiten* gibt, dann muss es dahinter auch verschiedene *Mächte* geben, denn "von nichts kommt nichts" -

nirgends in der Welt. Die Bibel spricht von zwei verschiedenen Machtbereichen, die im Kampf miteinander stehen: dem Reich Gottes und dem Reich Satans. Gut und Böse gegeneinander. Diese Aussage der Bibel deckt sich mit den Erfahrungen, die wir täglich in unserem Alltagsleben machen.

Wie schon ausgeführt, nimmt die Bibel unter allen anderen Büchern der Weltgeschichte eine einzigartige Stellung ein. Anders als die nur "privat" empfangenen Offenbarungen in anderen Glaubenssystemen sagten die Propheten der Bibel öffentlich Ereignisse voraus, die sich bisher immer *korrekt erfüllt haben!* Damit ist die Bibel in einer einzigartigen Weise als zuverlässig beglaubigt. Und zwar nicht nur in bezug auf sichtbare, sondern ***auch auf unsichtbare Dinge.*** *(Josh McDowell, Bibel im Test, Hänssler Neuhausen-Stuttgart 1989).*

Überlege folgendes:

- Wo gibt es Wahrsager, Hellseher oder Zukunftsdeuter, deren Vorhersagen immer eintreffen? Antwort: ***Nirgends.*** Die meisten Wahrsager haben riesige Fehlerquoten.

- Wo gibt es Voraussagen zu konkreten Ereignissen und Entwicklungen über Jahrzehnte, Jahrhunderte und sogar Jahrtausende, die sich immer korrekt und fehlerfrei erfüllen - bis in unsere Zeit? Antwort: ***Nur in der Bibel.***

- Wenn es menschlich unmöglich ist, ausschließlich korrekte Vorhersagen zu machen, wer kann dann nur hinter solchen Informationen stehen? Antwort: ***Nur jemand, der darüber den Überblick hat - Gott.***

Alles dies zusammen lässt ehrlicherweise nur einen Schluss zu: Die Bibel ist tatsächlich das „Buch Gottes" und gibt die realen Verhältnisse wieder. Sie ist tatsächlich, wie sie es von sich behauptet, vom Geist Gottes inspiriert und vermittelt uns Gottes Sicht von dieser Welt und uns Menschen. Dann aber müssen wir auch davon ausgehen, dass diese Sicht immer noch gilt - auch wenn wir heute "aufgeklärt" und "modern" sind. Dann aber gelten auch die Aussagen über ein göttliches Gericht und die Existenz Satans und einer Hölle weiterhin.

Wem das zu unglaubhaft, zu fanatisch und intolerant erscheint, der möge bedenken, daß Gott ja alles getan hat, um uns vor den Konsequenzen unserer Fehlentscheidungen ("Sünden") zu bewahren. Gott will immer, dass es uns gut geht, sowohl im Leben als auch in der Ewigkeit. Er liebt uns, seine Geschöpfe, trotz all unserer "Selbstherrlichkeit". Das müssen wir uns immer wieder bewusst machen. Er *liebt* uns. Darum sandte er ja seinen Sohn Jesus in diese Welt, dass wir nicht selbst die Konsequenzen unseres Lebens tragen müssen.

Gott bietet uns ja den Himmel an: *"So sehr hat Gott die Welt geliebt, dass er seinen eingeborenen Sohn gab, damit alle, die an ihn glauben, nicht verloren werden, sondern das ewige Leben haben" (Joh. 3,16).* Gott will, daß niemand den Weg in die Hölle gehen muss. Millionen gehen ihn aber trotzdem. Warum? Weil sie sich nicht einmal die Mühe machen, sich genauer zu informieren. Natürlich können sie dann auch nicht wissen, worum es eigentlich geht.

Eine Frage, die in diesem Zusammenhang häufig gestellt wird: *"Was ist mit denen, die nie von Jesus gehört haben?"* Die Bibel gibt folgende Antwort: Wo Menschen nie in ihrem Leben Gelegenheit hatten, die biblische Information über Gott (das "Evangelium") zu hören, werden sie danach beurteilt, *inwieweit sie auf die ihnen bekannte Wahrheit und ihr Gewissen* eingegangen sind *(Römer 2, 12-15)*. Gott ist auf jeden Fall gerecht - aber besser als die beste Gerechtigkeit ist in jedem Fall immer Gnade! Darum hat Jesus seinen Nachfolgern ja auch den Auftrag gegeben, das Evangelium weiterzusagen.

Gott bietet uns durch Jesus den Himmel an, aber wenn wir die göttliche Gnade wissentlich ausschlagen, spielen wir mit unserer Zukunft. Denn wir haben den Himmel nicht automatisch. Wir können ihn auch nie verdienen - weder durch gute Werke, fromme Leistungen, Kirchenzugehörigkeit, Taufschein usw. Wäre das möglich, hätte Jesus nicht ans Kreuz zu gehen brauchen.

Gemäß den Aussagen der Bibel geht es in der Frage unserer Zukunft - Himmel oder Hölle - um eine Lebensentscheidung, die alle Bereiche unseres Lebens betrifft. Es geht um die Entscheidung, ob ich mein Leben mit oder ohne Gott führen will. Ohne Gott bedeutet, unabhängig von Gott, in eigener Regie, in Selbstbestimmung. *Das ist möglich, und die meisten Menschen leben so.* Aber sie laden sich damit oft riesige Lasten auf. Nicht nur ihr Leben wird schwer, sondern sie verzichten damit wissentlich oder unwissentlich auf den Himmel. In

Anbetracht dessen, dass wir eines Tages sterben werden, ist das extrem kurzsichtig.

Mit anderen Worten: *Für den Himmel muss man sich entscheiden, für die Hölle nicht!* Wenn die Bibel die wahren Verhältnisse schildert, reicht einfach Gleichgültigkeit gegenüber Gottes Angebot aus, um von Gott getrennt zu bleiben. Trennung von Gott bedeutet aber ewige Trennung. In diese Trennung werden wir bereits hineingeboren *(Röm. 5,12)*. Doch wir werden durch unsere lebenslangen kleinen und großen Fehlentscheidungen alle auch persönlich schuldig.

Von Natur aus sind wir also keineswegs auf dem Weg zum Himmel, wie es viele Menschen annehmen. Wir existieren auch weiter, wir sind keineswegs einfach ausgelöscht. *Bitte bedenke:* Alle diese Aussagen sind nicht die Ansicht irgendeiner menschlichen Institution, Gruppe, Organisation oder Gesellschaft, sondern der Bibel.

Es gibt auf der Welt Millionen Menschen, die sich in ihrem Leben für Gott entschieden und seine Realität erlebt haben. *Sie wissen, dass Gott existiert.* Es gibt auch Millionen Menschen, die - im Okkultismus - Satan erlebt haben. *Sie wissen, dass Satan existiert.* Beide Seiten sind real. Aber nur eine Seite ist gut.

Was also kommt nach dem Tod? Nach dem Tod kommt entweder ein Leben *mit* oder *ohne* Gott - genau wie vorher.

Wenn du dein Leben hier auf der Erde mit Gott verbunden hast, gelangst du ohne Gericht in sein Reich. Die Bibel nennt das „Himmel". Wenn du dein Leben hier nicht mit Gott verbunden hast und nie um Vergebung gebeten hast, bist du auch nach dem Tod von Gott und seinem Reich getrennt. Die Bibel nennt das „Hölle". Da alles Gute nur bei Gott zu finden ist, bist du dann von allem Guten getrennt.

Jesus sagt: *„Wer mein Wort hört und glaubt dem, der mich gesandt hat, der hat das ewige Leben und kommt nicht in das Gericht"* *(Johannesevangelium 5,24).* Gott liebt jeden Menschen. Wenn es nach ihm ginge, müsste kein Mensch ins Gericht. Aber es geht nicht nach Gott, sondern nach der Entscheidung, *die jeder Mensch für sich selbst trifft!*

Diese Entscheidung macht den **wesentlichen Unterschied** in unserem Leben aus. Was sie bedeutet, wie man sie treffen kann und wie man zum wahren Sinn unseres Lebens hinfindet, folgt im nächsten Kapitel.

Wie komme ich in persönlichen Kontakt mit Gott?

Wie schon im ersten Kapitel angedeutet, besteht der wahre Sinn unseres Lebens darin, die Weichen für eine gute Zukunft zu stellen. Genauer gesagt: für unsere Zukunft über den Tod hinaus. Das ist die Priorität, der allererste Sinn unseres Lebens!

Alles andere, was das Leben sinnvoll macht - Freundschaft, Gemeinschaft, Familie, Aufgaben, Beruf, Arbeit, Interessen, Hobbys usw. - ist gut und wichtig, aber daran gemessen nur zweitrangig.

Die Weichen für eine gute Zukunft über den Tod hinaus kann man nur mit Gott stellen. *Mit anderen Worten: der wahre Sinn deines Lebens besteht darin, dein Leben mit Gott zu verbinden.* Und zwar so persönlich und konsequent, dass diese Verbindung auch über den Tod hinaus anhält. Wir müssen unsere Zukunft bei Gott festmachen.

Nach der biblischen Aussage kann jeder Mensch eine gute Zukunft haben, auch wenn er oft und schwer versagt hat. Aber über die Art und Weise, wie das geschehen kann, vor allem aber, wie das nicht geschieht, machen sich viele Menschen völlig falsche Vorstellungen. Der Weg in den

Himmel ist zwar für jeden offen, aber auf diesem Weg sind wir nicht automatisch. Wir müssen ihn wählen.

Jesus sagt in der Bergpredigt: *"Der Weg ist breit, der ins Verderben führt, und es sind viele, die auf ihm gehen. Aber der Weg, der zum Leben führt, ist schmal, und es sind wenige, die ihn finden" (Matthäus 7, 13-14).* In dieser Warnung kommt zum Ausdruck, dass *wenige* diesen Weg finden. Das heißt, es sind nicht die großen Massen, die auf dem Weg zum Himmel sind. Es sind auch unter den Christen mit Sicherheit nicht alle, die getauft sind oder zu einer Kirche gehören. Gott legt einen anderen Maßstab an als formale Handlungen oder Kirchenmitgliedschaft. Es gibt viele Menschen, die nur dem Namen nach "Christen" sind.

An dieser Stelle eine Zwischenbemerkung. In den vorangegangenen Kapiteln ging es um Sachaussagen und rational nachvollziehbare Begründungen. Alles spielte sich auf der *Verstandesebene* ab. Jetzt aber folgen Aussagen, die dich persönlich mit einbeziehen. Sie liegen außer auf der Verstandesebene auch auf der *Erfahrungsebene*. Es geht ja darum, wie man mit Gott in Verbindung kommen kann. Das kann man zwar erleben und erfahren, aber nicht verstandesmäßig beweisen.

Ob die Aussagen in diesem und dem nächsten Kapitel richtig oder falsch sind, kannst du daher nur feststellen, wenn du darauf *eingehst*. Du musst sie sozusagen "erfahren". Sie bleiben für dich bloße Behauptungen, solange du nicht den Schritt in das Tun, das Erfahren wagst. Vor solchen Schritten brauchst du keine Angst zu haben, denn alle angeführten "Behauptungen" beruhen auf den Aussagen der Bibel. Millionen

Menschen haben diese Schritte bereits getan und die Richtigkeit der biblischen Aussagen erlebt - und zwar in wohltuender, befreiender, heilsamer Weise.

Manche dieser Aussagen werden dir ungewohnt vorkommen, denn sie decken sich nicht mit der kirchlichen Tradition. Dazu muss man allerdings sagen, dass einige Dogmen und Traditionen der Kirche aus menschlichen "Ergänzungen" bestehen, die nicht biblisch begründet sind. Andererseits wurden in der Kirche auch biblische Aussagen weggelassen (z.B. das 2. Gebot, keine Bildnisse anzubeten *(2. Mose 20, 4-6);* dafür wurden aus dem 10. Gebot zwei Gebote gemacht).

Wenn dir nun ernsthaft daran gelegen ist, den wahren Sinn deines Lebens und echte Gewissheit zu finden, musst du einige deiner gewohnten Auffassungen beiseitelegen. Sei daher einfach offen für neue Informationen und wäge in Ruhe ab.

Wie kommt man also ***biblisch*** gesehen in den Himmel? Um es in einem Satz zu sagen: Du musst dich dafür ***entscheiden***. Das bedeutet zweierlei: Die Tür ist für jeden offen - aber hineingehen musst du selbst. Das kann dir niemand abnehmen - weder Eltern, Lehrer, Vorgesetzte, Pfarrer  noch die Kirche. Du selbst musst eine Entscheidung treffen. Du entscheidest dich dazu, dein Leben nicht mehr in eigener Regie und unabhängig von Gott zu führen, sondern mit Gott und unter seiner Leitung.

Es geht also um eine Entscheidung, die Konsequenzen hat und deinem Leben einen neuen Kurs gibt. Keine theoretische Kopfentscheidung, sondern eine Herzens- und Willensentscheidung. Du schließt dabei einen Bund mit

Gott, der für dein ganzes Leben und darüber hinaus gilt.

Das klingt nun doch sehr radikal. Ist eine solche Entscheidung denn nötig? Reicht es nicht, wenn wir uns nach besten Kräften bemühen, um am Schluss ein "gerechtes" Urteil von Gott zu empfangen? Denn wenn wir "normal" anständig leben und Gott gerecht ist, müsste das doch reichen!

Nach den Aussagen der Bibel nicht. Und da die Bibel ihre göttliche Autorität unter Beweis stellt, sollten wir auf sie hören. Die Bibel macht in aller Deutlichkeit klar, dass wir mit unserem "normalen" Leben, so gut es auch sein mag, den Maßstab Gottes nie erreichen können. Gott urteilt nämlich nicht quantitativ, sondern qualitativ. Das heißt, er zählt nicht in erster Linie, *wie oft* wir Unrecht begehen, sondern *ob* wir Unrecht begehen. An diesem Maßstab scheitern wir alle. Denn auch der beste Mensch lügt mal oder ist gelegentlich egoistisch, stolz, neidisch, habgierig usw. Das reicht, um Gottes Standard zu überschreiten.

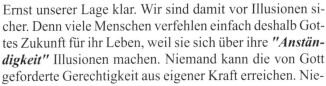

Das hört sich brutal an, macht aber andererseits den Ernst unserer Lage klar. Wir sind damit vor Illusionen sicher. Denn viele Menschen verfehlen einfach deshalb Gottes Zukunft für ihr Leben, weil sie sich über ihre *"Anständigkeit"* Illusionen machen. Niemand kann die von Gott geforderte Gerechtigkeit aus eigener Kraft erreichen. Niemand kann sich selbst vor Gott rein, sündlos und gerecht machen.

Gemäß Bibel werden wir alle vor Gott schuldig und können aus eigenem Vermögen den Himmel nicht erreichen. Was an unserem "normal guten" Leben so schlecht ist, wird sofort klar, wenn wir Gottes Maßstab anlegen. Gott beurteilt nämlich nicht nur unsere Taten, sondern auch unsere Worte, Gedanken, Haltungen und Motive. Er beurteilt sogar unsere Unterlassungen (z.B. unterlassene Hilfeleistungen). Wer gemäß diesen Kriterien in seinen eigenen Augen noch gut ist, muss schon sehr von sich überzeugt sein. Auf jeden Fall stimmt sein Selbstbild nicht mit dem Bild überein, das Gott von ihm hat.

Gott ist absolut heilig und gerecht, aber auch großzügig und barmherzig. Obwohl unser ganzes ***selbstsüchtiges und selbstgerechtes Wesen*** vor ihm offen daliegt wie ein aufgeschlagenes Buch, lehnt er uns nicht ab, sondern liebt uns trotzdem. Die Bibel bringt es auf die Kurzform: "Gott ist Liebe". Diese Liebe gilt jedem einzelnen  Menschen, egal, wie gut oder schlecht er ist. Sie ist der einzige Garant dafür, dass es nicht bei dem bleibt, was wir durch unser Leben selbst bewirkt haben: Trennung von Gott.

Auch das geringste Versagen schafft schon einen Fleck auf unserer weißen Weste, den wir aus eigener Kraft nie mehr beseitigen können. Da der Himmel nur für Leute mit völlig reiner Weste offensteht, sind wir draußen. Es ist auch sinnlos, sich auf seine guten Werke zu verlassen. Mit was für einem Werk willst du einen Ehebruch rückgängig machen? Oder einen Mord, eine Lüge, Verrat, Untreue, perverse Gedanken, böse Worte, egoistische Motive, Überheblichkeit oder was immer. Du kannst nichts davon wieder zurückholen.

Es ist raus, geschehen, Realität geworden, nie mehr *ungeschehen* zu machen. Da nützen dir auch höhere Erkenntnisse, Bußübungen, Opfer, fromme Leistungen und Erleuchtung nichts. Auch deine Kirchenmitgliedschaft und dein Taufschein machen kein einziges Versagen ungeschehen.

Deine einzige Chance: Du kannst nur auf einen gnädigen Richter hoffen. Und tatsächlich, diese Chance gibt es. Du bist ein Glückspilz! - weil du nämlich von einem Schöpfer geschaffen wurdest, der dich wirklich, tatsächlich, ehrlich, persönlich liebt. Und der es sich etwas kosten ließ, dir den Himmel wieder aufzuschließen.

Er tat das durch *Jesus Christus*. Hätten wir es selber schaffen können, hätte Jesus nicht zu kommen brauchen. Aber Jesus musste kommen, weil wir von uns aus den Himmel nicht aufschließen können. Jesus Christus, der Sohn Gottes, kam freiwillig in diese Welt, obwohl er wusste, daß das für ihn den Tod am Kreuz bedeuten würde. Aber aus Liebe zu uns nahm er dieses Opfer auf sich. Er kam als der *von den Propheten seit Jahrhunderten verheißene Messias und Erlöser.* Er starb als der einzig Sündlose für unsere Schuld und nahm dabei unsere Strafe auf sich.

Mit seinem äußerlich elenden Tod am Kreuz errang er in Wirklichkeit einen ewigen Sieg über die Macht Satans, der Sünde und des Todes. Denn er blieb nicht im Tod, sondern stand am dritten Tag vom Tode auf. Mit seinem Opfer schuf er rück- und vorauswirkend die Möglichkeit, dass jeder Mensch Vergebung seiner Sünden empfangen kann, ohne dass die Gerechtigkeit Gottes dabei gebrochen wird. ***Aber wir haben diese wunderbare, göttliche Vergebung nicht automatisch.***

Es bedeutet, daß jeder Fleck auf unserer Weste gelöscht werden kann und wir wieder mit einer völlig reinen Weste dastehen können. Die Tür steht offen - ***aber nun sind wir gefragt!***

Jeder von uns, auch der schlimmste Versager, auch ein Verbrecher, kann die göttliche Vergebung erlangen, aber dazu muss er auf Gottes Angebot eingehen. Er muss durch die offene Tür eintreten. Jesus sagt: *"Ich bin die Tür."* Er ist die offene Tür in das Reich Gottes. Aber er macht auch klar, daß er die einzige Tür ist, denn er sagt auch: ***"Ich bin der Weg, die Wahrheit und das Leben; niemand kommt zum Vater, außer durch mich"*** *(Joh. 14,6).*

Mit diesen Worten bringt Jesus seinen Absolutheitsanspruch zum Ausdruck. Gerade der ist vielen ein Dorn im Auge: Nur dieser Weg, kein anderer. Damit erhebt sich Jesus über alle anderen Religionen. Aber wenn er wirklich Gott ist, muss er das tun - schon um der Wahrheit willen. Und dann muss er auch ganz deutlich machen, daß die anderen Wege nicht in den Himmel führen - damit niemand auf eine Irrlehre oder Illusion hereinfällt. "Toleranz" wäre in diesem Fall so, als wenn man einen Blinden in den Abgrund tappen ließe.

Gott fordert uns in der Bibel immer wieder auf, selbst zu prüfen. Er behandelt uns immer als mündige, selbstverantwortliche Persönlichkeiten. Sowohl bei unserer Suche als auch in bezug auf unser Versagen als auch bei unserem Schritt auf seine Seite. Jesus sagt: *"Wer zu mir kommt, den werde ich nicht hinausstoßen."* Das heißt, niemand, der zu Jesus kommt, wird zurückgewiesen. Aber das Kommen ist unsere Sache.

Was bedeutet das?

Das bedeutet, wir müssen uns aus unserem bequemen Sessel der Gleichgültigkeit und Sattheit, der frommen Werke und Leistungen, der Selbstgerechtigkeit und Selbsterlösung erheben und zu Gott umkehren. *Bei ihm gibt es die einzige Erlösung, die auch nach dem Tod noch gilt.*  Aber erst einmal müssen wir begreifen, dass wir sie nötig haben. Wenn wir das nicht einsehen, bleiben alle unsere frommen Gebete und Entscheidungen für Jesus nur Lippenbekenntnisse und hohle Sprüche. Auf Sprüche jedoch reagiert Gott nicht.

Die Bibel spricht in ihrer klaren Sprache von "Sündenbekennen". Wer Sünden begangen hat, soll sie auch vor Gott bekennen, d.h. sich dazu stellen und seine Schuld zugeben. Das soll er mit Worten und nicht nur in Gedanken tun. Gott möchte, daß wir ehrlich offenlegen, was in unserem Leben schief gelaufen ist. *Ehrlichkeit* ist immer die Grundbedingung, wenn du möchtest, daß Gott antwortet.

Gleichzeitig ist ein solches Bekennen auch ein gutes Mittel gegen *Stolz*. Stolz ist in Gottes Augen die Ursünde.  Aus Stolz über seine große Schönheit und Intelligenz rebellierte der Lichtengel Luzifer gegen Gott und wurde zum Satan. Aus Stolz sind wir oft nicht bereit, um Vergebung zu bitten und uns mit Verwandten, Kollegen und Nachbarn zu versöhnen. Die Bibel sagt: *"Gott widersteht den Hochmütigen, aber den Demütigen gibt er Gnade."* Wenn du also laufend gegen Widerstände anrennst, ist das vielleicht gar keine Pechsträhne, sondern ein Signal Gottes. Er steht dir noch entgegen, weil du anderen entgegenstehst.

Das Bekennen deines Versagens schafft freie Bahn und *Verbindung mit Gott*. Falls du trotz Taufe, Kirchenmitgliedschaft und regelmäßigen Gottesdienstbesuch den Eindruck hast, da fehlt noch was, könnte es gerade an dieser fehlenden Verbindung mit Gott liegen.

Oder wenn du als New Age-Anhänger trotz deiner Bemühungen, Meditationen, Yogaübungen, Reikikurse usw. immer noch den Eindruck hast, da fehlt das Eigentliche, die Verbindung mit der "kosmischen Energie", dann könnte es sein, dass du in der falschen Richtung suchst.  Und wenn du als Atheist nie etwas von Gott merkst und daher auch nicht an ihn glaubst, könnte das daran liegen, dass du noch nie die Verbindung mit ihm gesucht hast.

Wenn du von Gott nichts merkst, liegt es in jedem Fall an der fehlenden oder unterbrochenen Verbindung. Anders

gesagt, an der Trennung von Gott. Solange wir keine Vergebung haben, stehen unsere Sünden wie eine Mauer zwischen uns und Gott. Wir merken nichts von ihm; er scheint gar nicht da zu sein.
Das kann Namens- und Traditionschristen genauso passieren wie - logischerweise - Menschen, die in der falschen Richtung suchen oder nichts von Gott wissen wollen. Zwischen dir und Gott stehen einfach noch unvergebene Sünden und verhindern die Verbindung mit ihm.

Diese Mauer fällt nur auf eine Weise: Durch Offenlegen deiner "Fehlentscheidungen" und Bitte um Vergebung. Die Bibel nennt dieses Geschehen **_Umkehr_** oder **_Bekehrung_**. Es ist der wesentliche, entscheidende Schritt von der Seite Satans auf die Seite Gottes. Vorher gehörst du nicht zu Gott, hinterher gehörst du zu ihm. Von diesem Zeitpunkt an steht dir der Himmel offen.

In diesem Zusammenhang ein Hinweis auf okkulte und esoterische Betätigung. Beides ist in Gottes Augen ein Zusammenarbeiten mit Satan und Götzendienst. In beiden Fällen wird das  erste Gebot übertreten: *"Du sollst keine anderen Götter haben neben mir."* Gott hat derartige Kontakte auf das Schärfste verboten, weil er um deren zerstörerische Wirkung auf unser Leben weiß - und über unser Leben hinaus, denn sie binden uns "rechtlich" an Satan. **_"Es soll niemand unter dir gefunden werden, der Wahrsagerei, Hellseherei, magische Künste oder Zauberei treibt oder Bannflüche oder Geisterbeschwörungen oder Zeichendeuterei_** *vornimmt oder die Toten befragt. Denn wer das tut, ist dem Herrn ein Greuel"* (5. Mose 18, 11).

Wer sich also in irgendeiner Weise okkult-esoterisch betätigt hat, sollte dies nicht nur vor Gott bekennen, sondern sich auch ausdrücklich davon lösen ("Ich sage mich hiermit los von ..."). Wir müssen die Verbindung, die wir bewusst oder unbewusst mit Satan eingegangen sind, klar und entschieden zerschneiden.

Aus der Sicht Gottes gibt es letztlich nur einen Unterschied zwischen den Menschen: Wir sind entweder ***begnadigte*** oder ***unbegnadigte*** Sünder. Aber dieser Unterschied ist lebens- und zukunftsentscheidend! Biblisch gesehen existieren daher nur zwei Möglichkeiten: Du stirbst entweder ***mit Vergebung*** oder ***ohne Vergebung***. Im letzteren Fall stibst du nach den Worten Jesu "in deinen Sünden" und musst für jedes, auch das geringste Versagen in deinem Leben, selbst geradestehen.

Die Angst, die viele Leute überfällt, wenn sie das Wort "Bekehrung" hören, ist daher völlig unangebracht. Es geht um die wichtigste Entscheidung deines Lebens, um den Schritt aus dem Machtbereich Satans in das Reich Gottes, aus Schuld in Vergebung, aus einer dunklen in eine helle ewige Zukunft - - ***und dann sollst du Angst davor haben?*** Das ist doch widersinnig, absurd, Nonsense hoch drei! Es stimmt, dass es nicht um eine Formalität, sondern um eine wirkliche Lebensentscheidung geht. Aber zum absolut Guten! ***Es gibt überhaupt nichts Besseres und Wichtigeres, das du im Leben tun kannst!***

Die einzelnen Schritte dieser lebens- und zukunftsentscheidenden Umkehr sind leicht zu vollziehen. Du machst im Gebet vor Gott fest, dass du zu ihm gehören willst. Dabei redest du ganz normal, nicht in auswendig gelernten Formeln. Sei absolut ehrlich. Gott liebt dich, auch wenn du ihm unangenehme Dinge bekennen musst, aber er reagiert nicht auf fromme Sprüche. Sobald du glauben kannst, dass Jesus für deine Schuld gestorben ist, kannst du Folgendes tun:

- Bringe vor Gott ans Licht, was dir als Versagen und begangenes Unrecht in den Sinn kommt. Gib zu, dass du ein Sünder bist und dich nicht selber gerecht machen kannst. Bitte Jesus um Vergebung für alles, wodurch du schuldig geworden bist. Sage dich insbesondere von okkulten Aktivitäten, Esoterik und Aberglauben los. *"Wenn wir sagen, wir haben keine Sünde, betrügen wir uns selbst, und die Wahrheit ist nicht in uns. Wenn wir aber unsere Sünden bekennen, so ist er treu und gerecht, dass er uns die Sünden vergibt und uns von aller Ungerechtigkeit reinigt"* *(1. Joh. 1, 8-9).*

- Stelle dein Leben unter die Herrschaft und Leitung von Jesus. Bitte ihn, in dein Leben zu kommen und dich zum Guten zu verändern. *"Allen aber, die ihn aufnahmen, denen gab er Macht, Gottes Kinder zu werden, denen, die an seinen Namen glauben"* *(Joh. 1,12).*

- Sei bereit, Jesu Willen zu tun und nach seinen Prinzipien zu leben. Bitte ihn, dich dazu mit seinem Heiligen Geist zu erfüllen, denn aus eigener Kraft schafft das niemand. Sei auch bereit, dich zu Jesus zu bekennen. *"Denn wenn du mit deinem Munde bekennst, dass Jesus der Herr ist, und in deinem Herzen glaubst, dass Gott ihn von den Toten auferweckt hat, so wirst du gerettet"* *(Röm. 10,9).*

In diesen wenigen Schritten drückt sich eine Entscheidung aus, die - wenn sie ehrlich mit dem Herzen und nicht nur mit dem Mund getroffen wird - dein ganzes Leben verändern wird. Sie setzt immer eine Veränderung zum Guten in Gang. Mit dieser Entscheidung sind Zweifler zur Gewissheit gekommen, Alkohol- und Drogenabhängige frei geworden, Verbitterte lebensfroh, Gewalttäter friedlich, Egoisten selbstlos und innerlich und äußerlich völlig kaputte, verletzte, zerstörte Menschen heil.

Es ist die Kraft und Liebe Gottes, die so etwas schafft. Die Bibel sagt, dass Gott aus dir eine "neue Schöpfung" macht, sobald du dich für Jesus öffnest.

Das alles klingt ungewohnt und "extrem", ist aber biblisch. Gewöhnlich empfinden wir solche Aussagen als religiöse Übertreibung und nehmen sie nicht ernst. Die Bibel meint es aber offensichtlich ganz ernst und praktisch zugleich. Man kann dieses Neuwerden *erleben*, und Millionen haben es schon erlebt. Bevor du es allerdings nicht selber erfährst, kannst du es nicht richtig verstehen. Die Bibel spricht davon, dass du "von neuem geboren" wirst durch den Geist Gottes.

Wie das geschieht, ist ein Geheimnis. Dass es aber tatsächlich geschieht, zeigen die realen Auswirkungen. Etwas Neues, das vorher nicht da war, kommt in dein Leben. Der Geist Gottes macht deinen Geist wieder lebendig. Es ist wie eine göttliche "Erneuerung": Dein Kern, dein innerstes Wesen, wird neu geboren. Du wirst mit göttlichem Leben gefüllt - eine Wiedergeburt deines Geistes.

Jesus sagt im Gespräch mit dem Pharisäer Nikodemus: ***"Wenn jemand nicht von neuem geboren wird, kann er das Reich Gottes nicht sehen"*** *(Johannes 3, 3)*. Diese Wiedergeburt ist etwas, was nur Gott tun kann. Es ist seine Antwort auf deine Bekehrung.

Um es auf einen kurzen Nenner zu bringen: Gott gibt dir bei dieser "neuen Geburt" eine neue Sicht. Er erweitert deine Lebensperspektive über dein kurzes irdisches Leben hinaus. Er erneuert und verändert dein Denken und Wesen, deine Interessen, Motive und Bedürfnisse. Am ehesten merkst du es an einer tiefen inneren Freude und einem vorher nicht gekannten "Frieden Gottes" in dir.

Du erfährst hierbei Gottes Wirken persönlich in deinem Leben - je mehr du ihm Raum gibst, desto deutlicher. Damit erhältst du auf der persönlichen Ebene einen Beweis der Realität Gottes. Du erfährst am eigenen Leib, dass du nicht ins Leere geredet hast. Erst wenn man diese Zusammenhänge kennt, wird klar, warum so viele ehrlich suchende und getaufte Kirchenmitglieder sich trotzdem so weit weg von Gott fühlen.

Alle Welt will immer Beweise von der Existenz Gottes. In dieser persönlichen Erfahrung gibt Gott uns einen **subjektiven Beweis** seiner Existenz. Sie bringt eine wirkliche Gewissheit in unser Leben.

Viele Menschen tun sich schwer, das Gespräch mit Gott zu beginnen, besonders, wenn sie es zum ersten Mal tun. Falls es dir auch so geht, kann dir das nachfolgende ***Umkehrgebet*** eine Hilfe sein. Aber sprich es nicht einfach nach, sondern mach es dir zu eigen:

"Gott, ich habe bisher unabhängig von dir gelebt und viele Dinge falsch gemacht. Ich habe Unrecht begangen und deine Gebote missachtet. Ich bin ein Sünder und brauche Vergebung. Folgende Dinge möchte ich vor dir bekennen: ...

Danke Jesus, dass du für meine Sünden gestorben bist. Bitte vergib mir meine Schuld. Komm in mein Leben und ändere mich so, wie du mich haben willst. Ich sage mich hiermit auch von allen okkulten Bindungen los, die ich mit Satan eingegangen bin.

Ich möchte im Leben und im Tod zu dir gehören. Ich unterstelle mein Leben deiner Herrschaft und Führung. Bitte erfülle mich mit deinem Heiligen Geist, damit ich so leben kann, wie es dir gefällt. Danke. Amen."

Wenn du dieses Gebet aufrichtig gesprochen hast, vergibt dir Jesus deine Schuld und du gehörst vom gleichen Augenblick an zu ihm. Du wirst dadurch aus einem Geschöpf Gottes zu einem Kind Gottes. Gott wird dein himmlischer Vater - aber ein guter, liebevoller Vater, nicht wie manche menschlichen Zerrbilder.

Wenn du diesen Schritt getan hast, hast du damit den wichtigsten Schritt in deinem Leben getan. Du gehörst jetzt zu Gott - aber das bedeutet natürlich nicht, daß damit deine Beziehung zu Gott abgeschlossen ist. In Wirklichkeit stehst du nämlich erst am Anfang deines neuen Lebens. Von nun an möchte Gott dir mehr und mehr zeigen, was er für dein Leben alles bereithält.

Gott hat nämlich viel mehr mit deinem Leben vor, als dir nur den Himmel zu schenken. Jetzt fängt dein Leben eigentlich erst richtig an! Darüber mehr im Folgenden.

Gibt es für unser Leben eine göttliche Berufung?

Die Antwort ist natürlich "Ja". Gott hat etwas mit deinem Leben vor. Er möchte dein Leben erfüllt, sinnvoll und fruchtbar machen. Es soll nicht nur dir, sondern auch anderen Freude und Segen bringen. Er hält für dein Leben einen guten Plan bereit. ***Dieser Plan ist deine eigentliche Berufung und Bestimmung.***

Wenn du diesen Plan herausfindest und darauf eingehst, wirst du ein erfülltes Leben haben. Dazu musst du nicht Theologie studieren, sondern das kann in einem ganz normalen Beruf geschehen.

Die Bibel drückt das so aus: *"Denn wir sind sein Werk, geschaffen in Christus Jesus zu guten Werken, die Gott zuvor bereitet hat, dass wir darin wandeln sollen" (Epheserbrief 2,10).* Gott hat also gute Werke für jeden von uns vorbereitet, die wir herausfinden und ausführen können. Dazu hat er uns auch spezielle Begabungen mitgegeben.

Oft entfalten sich unsere Gaben erst dann richtig, wenn wir in diese vorbereiteten Aufgaben hineingelangen. Gott drückt uns ja keine Zwangsarbeit auf, sondern er beachtet unsere Begabungen und Interessen. Oder er gibt uns mit einer Aufgabe auch die nötige Begabung. Darum bringt ein Eingehen auf Gottes Plan gewöhnlich auch Freude und Erfüllung. Und zwar dauerhaft, nicht nur kurzzeitig und oberflächlich.

Wenn du also diese erfüllende Berufung für dein Leben entdecken willst, achte darauf, in welche Richtung deine *Gaben und Interessen* weisen. Sei auch bereit, sie für Gott einzusetzen. Vor allem aber bitte Gott, dich zu leiten - er tut das gern, wenn er sieht, dass du dich darum bemühst. Wenn du bereits mitten im beruflichen Alltag stehst, kannst du Gott einfach bitten: "Zeige mir, wie ich meinen Beruf (meine Ausbildung, meine Begabungen) auch für deine Ziele einsetzen kann."

Wie du dir denken kannst, sind wir mit unserer Bekehrung nicht gleich vollkommen. Gerade im Hinblick auf Aufgaben, die Gott uns übertragen möchte, gibt es noch einiges zu tun. Wir kennen uns ja selbst gut genug, um uns realistisch einzuschätzen. Aber Gott hat viel Geduld mit uns, und der Heilige Geist arbeitet sehr behutsam.

Hab also keine Angst, wenn du dir zunächst noch nicht reif und perfekt vorkommst. Du bist es auch nicht. Du wirst es sogar bis an dein Lebensende nie ganz werden. ***Trotzdem bist du aber in Gottes Augen eine äußerst wertvolle Persönlichkeit***, die er gern als Mitarbeiter in seinem Reich einsetzen möchte.

Wenn du mitmachst, kann er dich praktisch vom Start weg gebrauchen. Nicht verwunderlich - schließlich hat er dich ja geschaffen und weiß am allerbesten über dein Potenzial und deine Stärken Bescheid. Natürlich kennt er auch deine Schwächen, aber er orientiert sich mehr an deinen Stärken. Gott schaut immer vor allem auf das Positive in uns. Das möchte er fördern.

Gott wird dich nie überfordern (obwohl es dir vielleicht gelegentlich so vorkommt), aber er wird dich formen. Das muss er auch, denn sonst würdest du ja so bleiben wie du bist! (Wer will schon sein ganzes Leben lang auf der Stelle treten?) Er wird dich daher leiten, herausfordern, ermutigen, korrigieren, befähigen, heilen und auch von zerstörerischen Abhängigkeiten befreien. Das tut er geduldig und behutsam, aber anhaltend und wirkungsvoll. Je mehr du auf die Impulse seines Geistes eingehst, desto schneller wirst du geistlich wachsen.

Dein neues Leben mit Gott bedeutet auch nicht, dass alle Probleme ab sofort gelöst sind. Gelöst ist das größte Problem deines Lebens - nämlich das deiner Schuld und deiner Zukunft. Du hast Vergebung und bist auf dem Weg zum Himmel. Aber du lebst noch auf der Erde - und die Erde ist nach wie vor ein gefallener, unheiler Ort mit allen ihren Ungereimtheiten und Widrigkeiten.

Nach wie vor kommen auch negative Dinge an dich

heran - logisch. Aber wenn du Gott auch in Widerständen, Krisen und Schwierigkeiten vertraust, kann er sie zu deinem Besten verwenden. Dies will er prinzipiell immer tun, aber du erleichterst es ihm, indem du ihm vertraust. **Nichts festigt die Verbindung zu Gott mehr als dein Vertrauen.** Nichts setzt auch seine Kraft und Hilfe stärker frei. Ungerechtigkeiten gibt es immer in Hülle und Fülle, damit müssen wir leben. Aber nun stehst du darin nicht mehr allein, sondern kannst deinen himmlischen Vater um Hilfe bitten.

Du wirst erleben, dass Gott auch in schwierigen Situationen da ist. Aber er lässt auch manchmal solche Zeiten zu, um dich fester im Glauben zu machen.  Gleichzeitig wird in solchen "Tests" deine Persönlichkeit gefestig (das ist sicher auch in deinem Sinn).

 Wundere dich daher nicht, wenn du dir manchmal vorkommst *wie in einer Prüfung!* Solche Situationen sind immer zu deinem Besten. Gott hilft dir dadurch, deine Schwachstellen zu erkennen. Über eines kannst du dir jedoch immer völlig sicher sein:  Gott liebt dich auch mit deinen Schwachstellen und in deinem Versagen. Seine Liebe ist bedingungslos. Er lässt dich nie fallen - aber er möchte dich weiterbringen.

Die Bibel beschreibt unsere neue Position als Mitarbeiter Gottes so: Wir sind *"in der Welt, aber nicht von der Welt."* Das heißt, wir leben noch in der Welt mit all ihrer Kaputtheit und Schlechtigkeit, aber wir gehören nicht mehr dazu. Wir sind nicht mehr Bürger der Welt, sondern des Reiches Gottes.

Das soll in unserem Leben möglichst auch erkennbar werden. Ohne frommen Krampf, aber doch so deutlich, daß ein Unterschied zu dem, was "alle machen", sichtbar wird. Die Leute sollen merken können, dass wir mit Gott leben. Meist musst du dich dazu gar nicht groß anstrengen, denn dieses Bedürfnis kommt auch aus dir selbst.

Das kommt daher, dass du "von neuem geboren" bist. Der Geist Gottes gibt dir neue Ziele und Bedürfnisse. Dies geschieht in einem Wachstumsprozess, der dein ganzes Leben anhält. Dabei hast du nach wie vor jederzeit die Freiheit, auf die Anregungen Gottes einzugehen oder nicht. Gott zwingt dir nichts auf. Du kannst auch "Nein" sagen. Andererseits bedeutet diese Freiheit natürlich auch, dass du manchmal die Absichten Gottes verpasst. Du erlebst dann einen gewissen Stillstand oder Rückschlag. Das kommt vor. Wenn du dann bereit zum Weitergehen bist, geht Gott den nächsten Schritt mit dir.

Um geistlich zu wachsen und fest im Glauben zu werden, brauchst du "geistliche Nahrung". Diese liefert dir vor allem die Bibel. Du musst ja auch erst einmal herausfinden, wer und wie Gott eigentlich ist. Das erfährst du am besten aus den vier Evangelien - durch Jesus. Jesus sagte: *"Wer mich sieht, sieht den Vater ... Ich und der Vater sind eins" (Joh. 10,30).* So wie Jesus ist, ist Gott der Vater.

Lies möglichst täglich fortlaufend einige Absätze in der Bibel und versuche das, was du als Gottes Willen erkennst, im Alltag umzusetzen. Oft kriegst du beim Lesen der Bibel auch *Antworten auf deine momentanen Fragen* (das  ist nämlich die "normale" Art, wie Gott zu uns redet - auch ganz persönlich. Das ist schon vielen passiert!). Nimm dir auch regelmäßig Zeit, um mit Gott über das zu reden, was dich bewegt (das ist "beten"). Danke ihm für das Gute und bitte bei Problemen um Hilfe - egal, ob klein oder groß.

Such dir auf jeden Fall eine bibeltreue Gemeinde, in der Jesus im Mittelpunkt steht. Ohne eine *lebendige Gemeinschaft* trocknest du innerlich aus. Zur "überkonfessionellen" Gemeinde Jesu gehört übrigens jeder Christ, der "von neuem geboren" ist - ganz gleich, ob evangelisch, katholisch, orthodox oder freikirchlich. Gewöhnlich ist eine Gemeinde dann "lebendig", wenn der Pfarrer gläubig ist und "biblisch" predigt - leider in unserer "modernen" Zeit, die von einer "liberalen Theologie" geprägt ist, keine Selbstverständlichkeit mehr!

Da, wo das nicht der Fall ist, werden Gottesdienste schnell zu toter Tradition. Die wichtigste Person fehlt - Jesus. Die Predigt erschöpft sich in sozialen oder politischen Themen. Oft biedern sich Pfarrer und Pastoren mit jedem aktuellen Trend an, um möglichst progressiv und tolerant zu erscheinen. Andererseits lässt ihr privates Leben oft christliche Prinzipien vermissen. Kein Wunder, dass viele Menschen vom Christentum enttäuscht sind. Wer diese *leere Hülse* vor Augen hat, muss beinahe zwangsläufig auch auf einen toten Gott schließen.

Aber in diesem Denken steckt (Gott sei Dank) ein Fehlschluss: ***Kirche ist nicht gleich Gott.*** Gott ist weit mehr als Kirche. In der Kirche wirken Menschen, und Menschen sind nie gefeit gegen Versagen - das wissen wir alle aus eigener Erfahrung. Man kann das Versagen der Bauleute nicht dem Architekten in die Schuhe schieben. Jesus spricht in der Offenbarung zu einer dieser toten Gemeinden: *"Du hast den Namen, dass du lebst, aber du bist tot" (Offenbarung 3,1).*

Gott hat jedoch immer wieder neues Leben in tote Kirchenstrukturen gegeben und tut es auch heute noch. Ein Beispiel dafür sind die evangelikalen und charismatischen Erneuerungsbewegungen in den Großkirchen und das Entstehen vieler christlicher Freikirchen wie Baptisten, Methodisten, Pfingstgemeinden, freie evangelische Gemeinden, Mennoniten, Glaubensgemeinden usw.

Wenn du zum jetzigen Zeitpunkt noch nicht so weit bist, um den Schritt auf die Seite Gottes zu tun, überlege es dir in Ruhe. Gott möchte, dass du dich freiwillig für ihn entscheidest, auch wenn du dafür etwas "loslassen" mußt. Sei dir aber bitte bewusst, dass es irgendwann für eine Entscheidung zu spät sein kann.

Du musst immer im Blick behalten, dass es gemäß Bibel ***keine Neutralität*** gibt! Laut Bibel gibt es nur zwei Seiten. Jeder Mensch gehört zu einer der beiden. Wer sich im Leben auf die Seite Gottes gestellt hat, wird auch im Tod bei ihm sein *(Johannes 5,24; Römer 8,1; 1. Johannesbrief 5,12)*. Wer sich nicht auf die Seite Gottes gestellt hat, wird auch im Tod von ihm getrennt sein *(Johannes 8,24; Römer 6,23; Offenbarung 21,7)*. Die Lehre von einem "Fegefeuer zur Läuterung" ist äußerst unsicher; sie lässt sich aus der Bibel nur sehr zwanghaft ableiten. ***Die Weichen für unsere Zukunft werden in diesem Leben gestellt.***

Vielen macht bei diesen Aussagen der Gedanke an nahestehende Verstorbene zu schaffen. Aber niemand kann mit letzter Sicherheit wissen, ob jemand im Glauben oder Unglauben, mit oder ohne Vergebung gestorben ist. Wir können nur wissen, dass **Gott gerecht, aber auch gnädig** ist. Aber wir wissen auch, daß wir für unser Leben Verantwortung haben. Bewusst die Hand Gottes auszuschlagen, ist in jedem Fall ein unabsehbares Risiko.

Sünde ist in Gottes Augen etwas Schreckliches. So schrecklich und zerstörend, dass Jesus dafür sterben musste. Wir dürfen Sünde nie auf die leichte Schulter nehmen! Die Bibel spricht sehr ernst über unsere **Verlorenheit** und das Gericht. Wenn du dir keiner Sünde bewusst bist, bitte Gott, dir zu zeigen, ob in deinem Leben wirklich alles in Ordnung ist.

***

Lieber Leser, wir kommen zum Schluss dieses Büchleins. Du hast jetzt alle Informationen empfangen, die du brauchst, um dir ein eigenes Bild zu machen. Trotzdem sind sicher noch viele Fragen offen. Schließlich bist du persönlich angesprochen und vor bestimmte Entscheidungen gestellt. Diese müssen gut bedacht sein.

Vieles ist möglicherweise neu für dich. Einiges empfindest du vielleicht als Zumutung. Dinge, die du bisher für richtig gehalten hast, werden in Frage gestellt. Andere Dinge, die du bisher als unwahrscheinlich oder unmöglich angesehen hast, werden als Wahrheit und Realität dargestellt. Nun musst du dir dein eigenes Urteil bilden. Um dir das zu erleichtern, abschließend noch einige Bemerkungen, die eine Hilfe sein können.

Für manche ist der Glaube an den Gott der Bibel anstößig, weil damit unser humanistisches Weltbild ("Der Mensch ist das Maß aller Dinge") vom Thron gestürzt wird. Aber bedenke bitte, daß es nicht um ein bestimmtes Weltbild oder einen Glauben geht, sondern um die **_Realität_**. Wenn Gott zur Realität unseres Lebens gehört, wird nur die Begegnung mit ihm deinem Leben bleibenden Sinn und eine gute Zukunft verschaffen. Das ist ganz einfache Logik. Aber dies kannst du auch persönlich erleben.

Oft hört man den Einwand: "Ich **kann** einfach nicht an Gott glauben." Das ist nicht verwunderlich, denn ein theoretischer Glaube ist extrem schwierig. Er bleibt auch beim besten Bemühen Theorie. Nur der **_Kontakt mit Gott_** kann dauerhaft Unglauben und Zweifel beseitigen. Du _kannst_ nicht zweifelsfrei an Gott glauben, solange du ihn nicht persönlich kennengelernt und erlebt hast. Das aber geschieht erst, wenn du zu ihm umkehrst und er darauf reagiert.

Eine Ermutigung zum Schluss: Das Schwierigste ist immer das *Loslassen*. Das ist meist ein Kampf. Es gibt so viele Dinge in unserem Leben, von denen wir meinen, dass wir ohne sie nicht leben können. Wir  haben Angst vor einem "Verlust", wenn wir auf Gottes Seite treten. Aber das ist irrational, weil wir dabei nicht mit Gott rechnen. Wenn Jesus in unser Leben kommt, kommt er nicht mit leeren Händen. Wenn wir tatsächlich etwas "aufgeben", ist das wie eine Befreiung für uns.

 Jesus macht frei. Er befreit uns von Gebundenheiten, Süchten und zwanghaften Gewohnheiten, aus denen wir vielleicht nie mehr herauskommen würden. Er ist in der Lage, Bindungen an Nikotin, Alkohol, Porno und Drogen zu zerschneiden. Er macht so frei, daß diese Bindungen ihre Macht über uns verlieren und wir sie selber nicht mehr wollen.

 Jesus sagt: ***"Ihr werdet die Wahrheit erkennen, und die Wahrheit wird euch freimachen ... Wenn euch nun der Sohn freimacht, so seid ihr wirklich frei"*** *(Johannes 8, 32+36)*. Diese freimachende Wahrheit ist keine Idee, Religion oder Einbildung, sondern Reali-

tät. Es ist eine Person: Jesus Christus. Jesus sagt über sich selbst: ***"Ich bin die Wahrheit."*** Er befreit wirklich und konkret. Du erleidest keinen Verlust, sondern einen unbeschreiblichen Gewinn, wenn du Jesus dein Leben öffnest! Denn die Dinge, die du als Verlust empfindest, sind ausnahmslos Dinge, die dein Leben auf die Dauer zerstören würden.

Doch Jesus nimmt nicht nur unsere Gebundenheiten und Schuld auf sich, sondern auch unsere Lasten und Verletzungen! Die meisten Menschen schleppen riesige Lasten mit sich herum, oft ohne sich dessen bewusst zu sein. Das sind Enttäuschungen, innere Wunden aus Kindheit, Schule, Beruf, Ehe usw. Das ist Ballast wie Lieblosigkeit, Hass, Unversöhnlichkeit, Groll, Bitterkeit, Neid, Ablehnung, Egoismus, Mobbing usw. - alles Dinge, die unser Leben beschweren und belasten. Wegen dieser Lasten leben wir oft weit "unter unserem Niveau". All dies können wir an Jesus abgeben. Es ist wunderbar zu erleben, wie diese Lasten dann weichen, und wie Zug um Zug Heilung, Befreiung und Wiederherstellung eintreten.

Es stimmt, dass Gott seinen Finger auf manche Punkte in deinem Leben legt. Aber was er dir dafür gibt, ist weitaus besser als das, was du loslässt! Du gibst ihm deinen Lebensschrott, aber er gibt dir dafür Befreiung, Heilung,

Erneuerung, Lebensfreude und Lebensglück. Du bekommst den Kopf wieder frei von dem, was dich beschwert, belastet, getrieben und gebunden hat!

Nehmen wir einmal an ... dass du allem, was du in diesem Büchlein gelesen hast, tatsächlich vom Verstand her zustimmen kannst. Du glaubst an die Realität Gottes, an das stellvertretende Opfer Jesu, an die Bibel, an das Angebot der göttlichen Vergebung. Doch auch wenn du all dies mit dem Verstand bejahst, bedeutet das noch nicht, dass du dadurch schon automatisch mit Gott verbunden bist. Wissen allein reicht nicht aus, um dich auf Gottes Seite zu bringen.

Wissen ist noch kein Glaube. Glaube aber ist immer verbunden mit Tun, mit Handeln. Um dein Leben mit Gott zu verbinden, musst du auf das, was du weißt, auch eingehen. Das aber erfordert eine Entscheidung - eine *"Lebensentscheidung"*. Dabei ist nie dein Verstand die ausschlaggebende Instanz, sondern dein Wille. Die Entscheidung *mit* oder *ohne* Gott ist eine *Willensentscheidung.* Es kommt letztlich nicht darauf an, was du weißt, sondern was du *willst*. Die Bibel setzt für Wille auch "Herz" ein. Gott möchte dein Herz.

Was aber möchtest bzw. willst du? Überlege genau. Wieviel ist dir das göttliche Geschenk der *Vergebung* wert? Wieviel ist dir ein *erfülltes Leben* wert, dessen Sinn über den Tod hinausreicht? Wieviel ist dir *bleibender Friede* wert? Wieviel ist dir der Himmel - die *Gewissheit einer guten ewigen Zukunft* - wert?

Alles dies kannst du tatsächlich haben! Es ist kein schöner Traum, sondern wunderbare, konkrete, erfahrbare Wirklichkeit. Aber um es tatsächlich zu erhalten, musst du dich dazu entscheiden.

Du müsstest "Ja" dazu sagen.

Das ist nicht schwer. Vielleicht machst du ja dabei nur das fest, was du ohnehin schon glaubst und im tiefsten Inneren wünschst!

Weiterführende Literatur

- Daniel Gerber, **Esoterik - die unerfüllte Suche**, Brunnen, Basel 2001 (Esoteriker berichten, wie sie aus okkulten und esoterischen Gebundenheiten durch Jesus frei wurden)

- Peter Schneider, **Lahme tanzen unter der Kanzel**, Leuchter, Erzhausen 2008 (Unglaubliche Heilungswunder im Dienst von Hermann Zaiss, die die Größe und Liebe Gottes offenbaren)

- Lothar Gassmann, Lothar Wiese, **Reinkarnation und Karma,** Lichtzeichen, Lage 1999 (Kurzgefasste Abhandlung über Reinkarnation auch in Bezug zu den Aussagen der Bibel)

- Alexander Garth, **Warum ich kein Atheist bin**, Gerth Medien, Asslar 2008 (Argumente eines Pfarrers, der eine Gemeinde in Ostberlin gründete)

- Gulshan Esther, **Der Schleier zerriss**, Fliß, Hamburg, 7. Auflage 2006 (Zeugnis einer verkrüppelten Moslemin, die von Jesus geheilt wurde)

- Reinhard Junker/Siegfried Scherer, **Evolution - ein kritisches Lehrbuch**, Weyel, Gießen 2006 (Biologie-Lehrbuch mit kritischen Anfragen an die Evolutionstheorie)

- Henrik Ulrich/Reinhard Junker, **Schöpfung und Wissenschaft**, Hänssler, Holzgerlingen 2008 (Grundsätzliche Darlegung der Arbeit von Schöpfungswissenschaftlern)

- Markus Wäsch/Carsten Polanz, **Murat findet Jesus / Özlem findet Jesus**, CVG Dillenburg, 2006 (Erfahrungsberichte von Muslimen auf der Suche nach Sinn und Ziel des Lebens)

- Werner Gitt, **Fragen, die immer wieder gestellt werden**, CLV Bielefeld, 20. Auflage 2006 (Ein Wissenschaftler beantwortet die meistgestellten Fragen zum Glauben)

- Loren Cunnigham, **Bist du es, Herr?**, One Way, Wuppertal 2001 (Gottes Stimme hören am Beispiel der Entstehungsgeschichte von Jugend mit einer Mission)

- Siegfried Müller, **Stehe auf und wandle**, Missionswerk Karlsruhe (Zahlreiche Berichte vom Eingreifen Gottes in Krankheit und schwierigen Lebenssituationen);
- **www.missionswerk.de** (Live-Übertragungen von Gottesdiensten und Konferenzen aus der Christus-Kathedrale Karlsruhe)

Bücher vom gleichen Autor:

202: Wozu lebe ich? Woher komme ich? Wohin gehe ich? Tb., 62 S., € 2,40

Im Leben geht es um drei Grundfragen: Woher - wozu - wohin? Können wir etwas darüber wissen? Eindeutig ja. Ein einladendes, leicht lesbares Büchlein für Suchende, Zweifelnde, Jugendliche (ab 10 Expl. Mengenrabatt).

209: Wie finde ich meinen Beruf und meine Berufung? Tb., 62 S., € 2,40

Eine der wichtigsten Fragen im Leben. Zahlreiche Tipps und Adressen für Berufseinstieg, Umschulung und Neuanfang. Wie kommen Beruf und göttliche Berufung am besten zusammen? (Ab 10 Expl. Mengenrabatt)

210: Robbi und Lena und ihre große Frage, Pb., 96 S., € 3,00

Robbi, Lena und Robbis lustiger Vetter Georg stellen große Fragen. Immer wieder kommt Robbis Vater, der an Evolution und Zufall glaubt, gehörig ins Schwitzen. Doch da ist ja noch der Imker auf dem Imkerhof am Waldrand, wo es oft sehr turbulent zugeht. Dort lösen sich alle Fragen. Mit 20 Farbabbildungen; ab 8 Jahre.

211: Robbi und Lena: Auf heißer Spur, Pb., 160 S.; € 4,80

Fünf unternehmungslustige Kinder auf der Spur von Umweltschändern, gegen Mobbing in der Schule und beim Bau eines Teich-Biotops. Ein spannendes, vergnügliches Ferienabenteuer auf dem Imkerhof, bei dem die Kinder immer wieder Fragen über Gott, Evolution und die Welt stellen. Mit 10 Farbabbildungen; ab 10 Jahre.

204: Was, wenn die Bibel wahr ist?
Paperback, 176 S., € 6,40

Märchen- und Mythenbuch oder Wort Gottes? Die Bibel macht alles klar: Ihre prophetischen Vorhersagen erfüllen sich fehlerlos bis in die Gegenwart - zwingender Beweis ihrer göttlichen Inspiration. Schöpfung, Kains Frau, Sintflut, Arche - keine Widersprüche. Verschafft einen Überblick über die großen Linien und Hauptaussagen der Bibel.

208: Evolution - gezählt, gewogen, zu leicht befunden, Tb., 80 S., € 4,80

Bis heute fehlen konkrete Nachweise für „Evolution". Stattdessen häufen sich Gegenbeweise. Zahlreiche wissenschaftliche Fakten schließen Lebensentstehung aus toter Materie und Makro-Evolution aus. Damit schebt das gesamte Evolutionskonzept in der Luft. Leicht verständlich, durchgehend vierfarbig, 70 Abb.

206: Die Abschaffung der Realität,
Tb., 159 S.; € 4,-

Wir leben mit lauter Lügensystemen: Religionen, Philosophien, Ideologien, Sonderlehren, Reinkarnation, Esoterik, falsche Toleranz, wissenschaftliche Theorien, selbstgemachte Denkgebilde usw. Die Realität ist weitaus besser! Mit 25 Cartoons.

205: Wie geht es dir in 100 Jahren?
Bro., 48 S., € 1,60, durchgehend vierfarbig.

Keine Juxfrage, sondern irgendwann für jeden aktuell. Worum geht es in unserem Leben? Der falsche und der wahre Sinn. Wie stellen wir die Weichen für eine gute Zukunft?
Staffelpreise: ab 10 Stück je € 1,30; ab 20 St. 1,10; ab 50 St. 1,00; ab 100 St. 0,90

207: Übernatürliche Erlebnisse auf der Schwelle vom Leben zum Tod,
Tb., 158 S., € 6.80

Was kommt nach dem Tod? Einblicke in die unsichtbare Dimension bei Nahtod-, Engel- und Sterbeerlebnissen. Klinisch Tote konnten hinterher genau ihre Operation beschreiben; manche sahen verstorbene Verwandte. Wichtige Unterscheidung: Was ist okkult, was göttlich? Zahlreiche Fallbeispiele und Erfahrungsberichte.

212: Intelligente Planung oder Millionen Zufälle?
Gebunden, 176 S., € 7,80

Unzählige "Design-Signale" in der Natur zeigen intelligente Planung - ein klarer Hinweis auf einen Designer, auch wenn Evolutionisten das heftig bestreiten. Viele Strukturen sind so komplex, dass sie nur im Gesamtset funktionieren - das schließt Evolution aus. Hinzu kommen zahlreiche Unstimmigkeiten und Ungereimtheiten im Evolutionskonzept. Auf der anderen Seite sind die Hinweise auf die Existenz Gottes und Schöpfung unübersehbar.

Gesamt-Mustersatz
Traktate (ca. 70 Titel)
€ 6,50 portofrei.

Büchersendungen ab 10 € portofrei

TPI, Schloßgasse 1, D-86857 Hurlach;
Tel. 08248-12225; Fax: 12241;
www.tpi-flyer.de; Email: tpi-flyer@web.de